U0922900

山西省“1331工程”山西省互联网+与旅游产业升级协同创新中心系列成果

历史·记忆·乡愁

山西传统村落保护与发展丛书

诗经故里

绛山浍水区域传统村落

上官宗一 刘丽/著

山西出版传媒集团
山西人民出版社

图书在版编目（CIP）数据

诗经故里：绛山浍水区域传统村落 / 上官定一，刘丽著. —太原：山西人民出版社，2022.5

（历史·记忆·乡愁：山西传统村落保护与发展丛书 / 车效梅主编）

ISBN 978-7-203-12114-5

Ⅰ. ①诗… Ⅱ. ①上…②刘… Ⅲ. ①村落—研究—山西 Ⅳ. ① K922.55

中国版本图书馆 CIP 数据核字（2022）第 078148 号

诗经故里：绛山浍水区域传统村落

SHIJING GULI:JIANGSHAN HUISHUI QUYU CHUANTONG CUNLUO

著　　者： 上官定一　刘　丽
责任编辑： 史美珍
复　　审： 傅晓红
终　　审： 梁晋华
装帧设计： 陈　婷

出 版 者： 山西出版传媒集团·山西人民出版社
地　　址： 太原市建设南路 21 号
邮　　编： 030012
发行营销： 0351－4922220　4955996　4956039　4922127（传真）
天猫官网： https://sxrmcbs.tmall.com　电话：0351－4922159
E—mail： sxskcb@163.com　发行部
sxskcb@126.com　总编室
网　　址： www.sxskcb.com

经 销 者： 山西出版传媒集团·山西人民出版社
承 印 厂： 山西出版传媒集团·山西新华印业有限公司

开　　本： 720mm × 1020mm　1/16
印　　张： 15.5
字　　数： 205 千字
版　　次： 2022 年 5 月　第 1 版
印　　次： 2022 年 5 月　第 1 次印刷
书　　号： ISBN 978-7-203-12114-5
定　　价： 50.00 元

保护传统村落　守住文化之根

“我思念故乡的小河，还有河边吱吱唱歌的水磨……我思念故乡的渔火，还有沙滩上美丽的海螺……”一个个传统村落，承载着中华民族的历史记忆，寄托着中华各族儿女的乡愁。党的十八大以来，习近平总书记多次强调：建设美丽中国，关键在于建设美丽乡村，发展乡村旅游要因地制宜、因势利导，不能大拆大建，特别是古村落要保护好，要注意乡土味道，保留乡村风貌，留得住青山绿水，记得住乡愁。

早在2012年12月31日，《中共中央、国务院关于加快发展现代农业 进一步增强农村发展活力的若干意见》下发，文件强调：“制定专门规划，启动专项工程，加大力度保护有历史文化价值和民族、地域元素的传统村落和民居。”这是“传统村落”概念第一次出现在党和国家的重要文件中。保护传统村落之所以得到如此高度的重视，是因为传统村落拥有深厚的文化内涵，承载着农耕文明，事关传承文脉，事关实现中华民族的伟大复兴。

党的十九大报告提出“实施乡村振兴战略”，这是一个关乎农村产业、生态、文化建设的综合课题，涵盖了经济、政治、社会、生态、文化多个领域。文化振兴是乡村振兴的题中应有之义，也是支撑乡村振兴的重要精神动力。古村落作为传统建筑精髓和群居文化的重要组成部分，也是祖先留下的一笔珍贵历史遗产，推动乡村文化振兴，应当深入挖掘传统村落的文化价值，让传统村落留下来、活起来，使人们看得见青山、望得见绿水、记得住乡愁。

中共中央、国务院印发的《乡村振兴战略规划(2018—2022年)》明确指出，历史文化名村、传统村落、少数民族特色村寨、特色景观旅游名村等自然历史文化特色资源丰富的村庄，是彰显和传承中华优秀传统文化的重要载体。要统筹保护、利用与发展的关系，努力保持村庄的完整性、真实性和延续性。加强对传统村落的保护，既有利于保持农村特色和提升农村魅力，又有利于增强国家和民族的文化自信，保持中华文化的完整多样，对实现乡村振兴、建设美丽中国具有重要意义。

山西是华夏文明的重要组成部分。自古以来，山西就是中原华夏民族与北方各民族文化交汇的天然通道，是中原农耕经济与北方游牧经济冲撞对接的前沿阵地。山西境内有古村落3500余个，个个都具有浓郁的山西地方特色。2019年1月，住房和城乡建设部、国家文物局公布了《第七批中国历史文化名镇名村名录》，确定了60个镇为中国历史文化名镇、211个村为中国历史文化名村。山西有7个镇、64个村名列其中。至此，全省中国历史文化名镇名村总数达到111个。2019年6月，住房和城乡建设部、国家文物局等六部门发布了《第五批中国传统村落名录》，全国共计2666个村落入选，山西有271个，加上前四批，山西一共有550个村落入选。无论是中国历史文化名镇名村，还是中国传统村落，山西入选名录的数量都名列前茅，是北方汉民族地区传统村落数量最多、风貌最完整、聚集度最高、类型最丰富的省份，足见山西历史文化之悠久、文化资源之富集。

传统村落积淀了数千年的华夏文明，是我们农耕生活遥远的源头与滥觞，是我国历史文化的鲜活载体，维系着中华民族最为浓郁的乡愁。传统村落拥有物质形态和非物质形态文化遗产，具有极高的历史、文化、科学、艺术、社会、经济价值。作为文化遗产的一部分，传统村落见证了人类文明和文化的发展进程，承载着中华优秀传统文化的精髓，寄托着中国人浓浓的乡愁。传统村落是一种不可再生的珍贵资源，村落的选址和变迁、屯堡村寨的建造、整体格局、街巷系统、各类传统建筑和设施，以及与其相互依存的自然景观和环境等，都饱含着岁月遗存，留给我们弥足珍贵的丰富信息，成为诠释历史的鲜活见证。这些遗产资源融合着优秀传统文化的精髓，反映了建造时的生产力水平、政治生态、经济状况、思想理念、思维方式、礼制文化、伦理道德、社会价值、审美艺术、建筑材料及工艺、管理理念和方式，一旦遭到破坏，将失不复得。遗产资源的不可再生性，也使保护文化遗产的真实性变得至关重要。但是，随着新型城镇化建设不断加快，一些传统村落数量也在减少，从我们身边消失，传统村落的保护已经迫在眉睫。如何合理利用传统村落各种资源，让传统村落的优秀历史文化得到延续和传承，这是时代赋予我们的重要历史课题。

2017年9月，山西省教育厅批准成立山西省互联网+与旅游产业升级协同创新中心，中心的牵头单位为山西师范大学。中心成立以来，不忘初心、牢记使命，充分利用现有条件，深挖潜力，在产业提升、地方服务、协同合作方面都取得了可观的成效。中心成立之初，我们及时抓住“三大板块”的契机，组织力量编写关于黄河、长城、太行的系列图书，进行了有益的探索，该套丛书已于2018年5月正式出版。2018年11月，中心根据国家政策与发展规划、山西省地方文化旅游产业发展的要求，结合中心使命、建设目标，将“山西古村落的传承、开发、保护与利用”作为重要任务，经过相关专家的认真论证，第一批确立了10项研究课题，以《历史 · 记忆 · 乡愁：山西传统村落保护与发展丛书》为丛书名。经过一年多的研究，这批成果即将出版。这套丛书是国家宏观政策与地方文化特色相结合的产物，也是高校教师服务地方社会的结晶。该丛书选题多样、内容丰富、风格不拘、异曲同工，既有以县域为单位的，也有以村镇为考察对象的，还有以大的流域、文化区域为研究范围的，其内容包含历史、传说、风俗、自然与人文景观、建筑、名人、宗教、非物质文化遗产、红色文化等，是山西省互联网+与旅游产业升级协同创新中心的又一批重要成果，是中心在古村落研究领域的重要探索，也会为后续的研究奠定基础。

除此之外，山西省互联网+与旅游产业升级协同创新中心在服务地方经济文化方面还做了一些重要的探索。比如，2019年5月，中心与八路军研究会太岳分会签署战略合作框架协议。2019年7月，与河津市签订三项课题研究合作协议书，分别为“古耿国文化寻证”“司马迁与河津的文化寻证”“河津市樊村堡文旅融合策划”研究合作项目。2019年9月，中心主办乡村振兴背景下的传统村落保护与发展学术研讨会，中国社科院、山西省社科院、东南大学、华中师范大学、山西省农业农村厅、山西省住房和城乡建设厅等几十家单位的专家与负责人参与本次会议，共商古村落保护的发展大计。作为山西省人大代表，中心主任车效梅教授提交的《山西省传统村落保护条例》议案，已为山西省人大所采纳，正在调研与立法中。

古村落里留存着大量的历史信息、文脉记忆、艺术创造、生活方式和人情礼数，每一处都凝结着先人们大量的心血和智慧。这种村落文化是最大多数人创造的文化，为最大多数人服务。它最朴实、最率真、最生活化、最富有人情味。因此，传统村落是承载乡土中国永久记忆的根和魂，是整个中华民族的精神家园，是中华民族的美好情缘。传统村落的形成和发展，也是文化的不断传承和创新。这种传承和创新之所以具有强大的生命力，是因为村落住民生生不息，在传统文化的引领下，不仅融合地域和民族元素，孕育出本土文化，而且对其核心价值给予认同和传承。我国现存的传统村落大部分始建于100年前，传统村落的历史文脉具有传承性的特征，表明了继承文化遗产的合理性和必然性。保护传统村落，一定要注重历史文脉的传承性，采取有效措施延续历史，而不是割断或抛弃历史。

如今，随着人们对传统村落认识的不断提升，我国传统村落保护、利用力度空前，成效显著。越来越多曾经凋敝破败却又承载厚重历史的传统村落开始焕发生机，不仅留住了“美丽乡愁”，留住了中国人的根，更传承了文化基因，延续了历史文脉。这对增强民族文化的自在性和自觉性，不断为农村发展注入活力，促进经济社会全面健康发展，具有重要意义。这套《山西传统村落保护与发展丛书》的问世，是山西省互联网+与旅游产业升级协同创新中心的又一次探索与尝试，也希望借此引起社会各界对传统村落的关注，起到抛砖引玉的作用。

车效梅（山西师范大学历史与旅游文化学院教授）

前　言

2019年我参与了《历史·记忆·乡愁：山西传统村落保护与发展丛书》编写工作，在论证会上，我选择了绛山浍水区域的传统村落进行研究。之所以选择这一区域，是因我生于斯长于斯，虽然工作后回家乡的次数少了很多，但每一次回到家乡，每一次见到记忆中熟悉的景物，每一次感触到熟悉的农家生活，都促使记忆中的乡村画面回绕在我脑海中。正是这种回忆以往的动力，刺激着我的神经，促使我开始动笔，同时，将美丽家乡描绘在笔端，让更多人了解我的家乡，是我的责任和义务，也算是不忘初心了。

《诗经故里：绛山浍水区域传统村落》一书对今天的绛山以北、浍河以南区域的传统村落进行了初步的调查研究，通过走访相关县市现存的典型古村落，获取资料，并以图文的方式详尽介绍各个古村落遗迹的历史与现状。绛山在今山西绛县西北，与曲沃县接界，距曲沃县城8公里，浍河（古名浍水）以南，因其山石质大部呈红色，故名绛山，俗称南山。《方舆纪要》卷四十一中记录绛山："山出铁，亦名紫金山。"绛山属太行山系中条山支脉，东连太行，西接峨嵋，盘踞绵亘，袤广百里，为县南之屏障。绛山系曲沃县和绛县的界山，山阳属绛，山阴属沃，紫金山为其最高峰。登高俯瞰四境，古晋以绛山为宗，其都城古绛、故绛、新绛、南绛、北绛，皆以此山得名。浍水为古名，又称翼水，今称浍河，为汾河第三大支流。杜预注：“浍水出平阳绛县南，西入汾。”浍水正义引《括地志》：“浍水在绛州翼城县东南二十五里。”《水经注·浍水》曰：“浍水，出河东绛县东浍交东高山，西过其县南，又西南过　祁宫南，又西至王泽，注入汾水。”浍水，即今天在绛山之北的浍河，经翼城、曲沃、侯马，新绛，流入汾河。

所以本文所指绛山浍水区域应包括翼城县、曲沃县、侯马市、新绛县3县1市，但因翼城县传统村落研究在《历史·记忆·乡愁：山西传统村落保护与发展丛书》中已单列一书，故本书主要以曲沃县、侯马市和新绛县传统村落为研究对象，其中以晋国古都曲沃县为主，共选取了该县13个典型传统村落进行研究，新绛县选取了2个典型古村落，侯马市选取了1个典型古村落。

扬之水，白石凿凿。素衣朱襮，从子于沃。既见君子，云何不乐？
扬之水，白石皓皓。素衣朱绣，从子于鹄。既见君子，云何其忧？
扬之水，白石粼粼。我闻有命，不敢以告人。

——《诗经·唐风·扬之水》

据相关研究考证，《诗经·唐风·扬之水》里面提到的“沃”和“鹄”皆指今曲沃一地，也是我的家乡。在山西省大力发展旅游产业，提倡文旅融合的背景下，曲沃县在发展全域旅游产业时，尤其对北董乡沃泉为源头一带的山水旅游有专门的指向，称为诗经山水风景区，以南林交村为主的一些村庄在当地共享“诗经故里”之称，而我就出生在此村。本书从被誉为“诗经故里”的曲沃传统村落着手，然后又对同处绛山浍水区域的侯马市和新绛县的传统村落进行了研究，这些传统村落具有极高的相似度，这也是本书题目冠以“诗经故里”的缘由。

CONTENTS 目 录

第一章 曲沃县

石滩村
蒙城村
杨谈乡
里村镇
上陈村
白塚村
下陈村
曲村镇
曲村村
北白集
高显镇
西海村
曲沃县
史村
史村镇
乐昌镇
西南街村
安吉村
北董乡
南林交
景明村

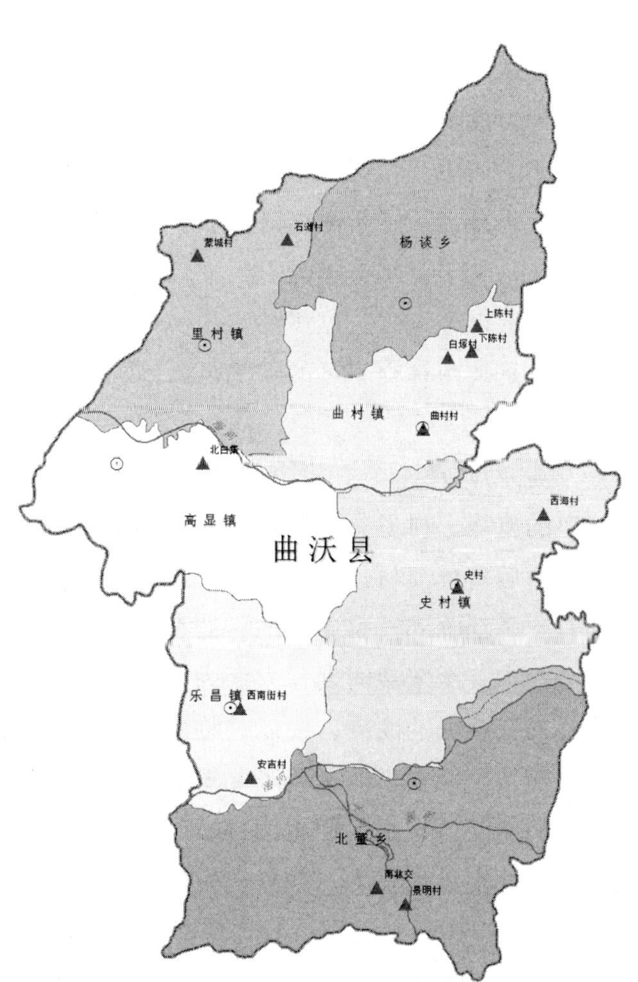

南林交村

北董乡南林交村，位于曲沃县城东南11公里处，距北董乡约3公里，北接北林交村，东邻景明村，西靠任庄村。总面积3.92平方公里。背靠锦屏山，龙王池泉水绕村东南而过，水源丰富，灌溉便利，拥有丰富的自然资源、深厚的历史文化底蕴。

南林交村东有条锦水沟，沟中流淌着一股泉水，其源头建有龙王庙，故名“龙王池泉”；沟旁有一断梁寺，因龙王池泉绕寺而过，改名为龙泉寺。这里的泉水清澈甘洌，种出来的莲菜外皮格外洁白，肉质清脆爽口，早在晋文公时期就被列为宫廷食品。曲沃之名见于历史典籍，其得名已有约3000年的历史。《诗经·唐风·扬之水》中写道：“扬之水，白石凿凿。素衣朱襮，从子于沃。既见君子，云何不乐？扬之水，白石皓皓。素衣朱绣，从子于鹄。既见君子，云何其忧？扬之水，白石粼粼。我闻有命，不敢以告人。”这里的“沃”，指的就是锦屏山上的沃泉；“鹄”，指的是离南林交不远的安鹄邑。南林交的先民2000多年前就在这里栖水而居了。

南林交村历史悠久，是一个有故事的村庄，早在西周时期，这里就被辟为晋国公室的猎苑。村里有一棵近3000年的银杏树，树旁曾有碑记说，先有银杏树，后有林交村。晋国时期，君主们为了彰显猎苑的地位，曾在此处立有“围场临郊，狩猎圣地”的石碑。后来晋国灭亡，石碑断裂，被掩埋于沟中。至宋金时期，人们为扩种莲菜，挖沟清淤，从沟中挖出刻有“临郊”字样的断碑，便以“临郊”为村名。村民不断繁衍生息，原村容纳不下，便在村北建起了北堡子。后官府观这一带林木茂盛、林荫相交，为使两村有别，便将两村命名为“南林交”和“北林交”。元明以后，南林交大兴土木，在村内村外兴建了22座大小庙宇、20余座居民四合院、4座戏台。时至今日，南林交村物阜民丰，人杰地灵，繁荣依旧不减当年，作为省级美丽宜居村是当之无愧的。现今这里

南林交景区正门

不仅有千年古银杏、元代龙泉寺等历史遗存，还有诗经广场、诗经亭、诗经园、银杏广场、银杏大道、世外莲园、倘塘栈桥、林溪叠水、林下广场、观景楼、仿古村落、仿古商业街、元代古城门和城墙等景观。

南林交景区内砖墙

沿着南林交村的主干道，我们驱车来到了南林交景区正门口，只见右边一面砖墙上写着几个大字：“一个有故事的村庄”。瞬间我觉得这个村子埋藏了很多不为人知的秘密，等待着我们去挖掘，去揭开它神秘的面纱。进入景区，我们的目光立刻被绿油油的一片莲叶吸引。蓝天白云下的莲花池显得格外亮眼，浓密的莲叶下面藏着莲藕。南林交的莲菜是全村的主要经济来源，南林交世代与莲菜共生，是当之无愧的“中国绿色村庄”。

莲花池左边的墙壁上雕刻着南林交村的历史名人，伫立壁前，一股浓厚的历史气息扑面而来。元代的盖文卿、清代的上官谦，成为当地人不断学习的榜样。

傍水而居的田园生活令人向往。走过磨盘小桥，泉水缓缓在脚底流过，流到石岸边，与两旁高大的树林形成了有名的林溪叠水景观，虽无枯藤老树昏鸦的意境，却有着小桥流水人家的观感。走在蜿蜒的溪边小路上，耳边群鸟啁啾，仿佛在欢迎你来到它们的乐园。举目望去，

莲花池

南林交历史名人

水中心立着一块大石碑，上书“扬之水”，原来这就是孕育名篇《诗经·唐风·扬之水》的诗思之处。“扬之水，白石凿凿。素衣朱襮，从子于沃。既见君子，云何不乐？扬之水，白石皓皓。素衣朱绣，从子于鹄……”白石、素衣，给人一种清雅温润之感。

林溪叠水

从龙泉潭上岸，西侧不远处有一座戏台，此处是古戏台旧址。由于村民深切怀念世子庙中古戏台，村委会遂于2016年重建了戏台。戏台坐西朝东，南北长12.15米，进深8.1米，为三开间砖木结构，雕花雀替与廊檐飞吻交相辉映。这座戏台既寄托了村民怀念晋国太子申生的情义，又满足了他们看戏、健身等文化娱乐需求。虽系重建，但依稀能够嗅到古戏台厚重历史积淀的味道。

戏台边是饱经沧桑的北城墙留下的残垣断壁，它守护着龙泉潭和古戏台。南林交古城墙始建于宋代，南北较短，东西较长，四角本为弧形，呈鼋盖形。自宋代至今，这只历尽岁月风雨的老鼋，像一位耄耋老人，亲历了南林交的沧海桑田，在他布满皱纹的面庞上，刻满了岁月的痕迹。孤独的城墙与对面热闹的林溪叠水形成强烈反差。城墙底部的砖基墙

戏台

面里，零星地镶嵌着大大小小的磨盘。偶尔也有精美的砖雕，点缀在这座孤墙上，让人觉得整座城墙并没有在历史的风尘中黯然失色。

古戏台旁边的古磨

北城墙

古城墙及砖雕

前行30多步，眼前的一幕令人震撼：一棵千年银杏树傲然矗立，树干已经枯朽却顽强地吐出了新绿。跨越千年的古树，依旧保持着昂扬的生命力，粗壮的树干需要八个人才能抱住。生活在这片土地上的人们，借着银杏树的福泽，生活得幸福安乐。这株有上千年历史的古银杏树，虽历经沧桑，却依旧枝叶繁茂。据村里人介绍，古银杏树树围8.8米，高

16米。它是周秦间的遗物，是人们公认的古生物活化石。千百年来，银杏树不仅经历了大自然的恶劣气候，而且经历了血与火的洗礼，见证了晋南仁人志士抗击敌人的英勇事迹。

银杏树

1947年4月，中国人民解放军第二次解放曲沃县城之时，解放军战士组成敢死队准备进攻。出发前，部队首长在村中征收棺木，由于棺木不够，村民们自发爬上银杏树，将三根最粗的树枝锯下，做成了十几副棺材。敢死队的战士们把自己的姓名写在纸条上，贴在棺材板上，表现了视死如归的决心。4月15日，曲沃县城解放后，牺牲的战士们的遗体被抬了回来，装在这些棺材内，埋在了景明烈士陵园。一直以来，为解放曲沃牺牲的烈士受到全县人民的敬仰。

银杏树的旁边是北城门。南林交村东、南、西城门全被拆毁，仅存北城门。北城门始建于宋代，与前面的北城墙隔银杏树相望。千百年来，南林交城墙与城门，抵御了来自北部的侵扰，守护了村民宁静的生活。北城门现高5.2米，宽5.5米。门洞为石条基座，砖砌拱券。洞阔2.6米，进深8.5米，门额镌刻“临郊”二字。顶有三道横拱、两道纵拱。中拱东侧有一门洞，为守门人居住之处。原城门顶建有阁楼回廊，民国年间毁损。现城门虽是后人修缮的，仍不减当年雄风。

我们行走在村巷的条石路上，暖暖的阳光洒在脸上，走进古巷深宅，仿佛自己穿越到了明清时期。一些古老的院落散布在村道旁。四合

北城门

院高低错落，绿瓦青砖，门楼上的木雕、砖雕精巧细致。古老的院落在幽深的小巷里静静地洗着日光浴。南林交村现存古院落12座，绝大多数为明清时期木结构的四合院民居。它们并不是连接成片，而是分散在村子的不同角落，像是几位来自明清的老人，守护在村子的不同地方。

这些宅院，虽然已破落残坏，但依稀能感受得到当时民居的典雅别致。几缕阳光照进院子，洒落在精致的木雕门窗、飞檐上，给原本幽寂的院落带去了一丝暖意与生机。院中长满了杂草，斑驳的树影在一阵微风吹过后，摇曳着曼妙的舞姿。

条石路

上官延昌宅院

我们先去的是上官延昌宅院，斗拱简单大方，精致秀美的小木窗，虽部分朽坏，但仍旧可以看到细节处无比精美的雕刻。这院子安静祥和，徜徉其间，一幅耕读田园图浮现于眼前。院子里现在错落有致地栽种着家庭日常吃的蔬菜：茄子、苦瓜、韭菜……主人也没有彻底废弃这个院子，利用其适宜的种植条件，满足自己的生活所需。

上官延昌宅院，东西10.45米，南北6.85米，占地约71.6平方米。据脊檩题记记载，该宅院创建于清康熙四十二年（1703）。宅院为一进院落布局，现仅存北房。北房坐北朝南，面阔三间，进深两椽，单檐灰瓦悬山顶，三檩无廊式构架，前檐柱头、平身科饰简单木雕花卉斗拱。明间置四扇槅扇门，次间亦设四扇槅扇门。北房东侧有一砖砌拱券门，门楣上镌有“忠信”二字，其余建筑不存。正房门窗为典型的以门窗代墙的建筑设计，以面积较大的木板与墙面连接，大小不一的方格门窗将整个墙面分隔为不同的平面。明间及次间门额八扇小开窗为细密菱形网格纹，与明间门花纹相呼应。整堵墙面和门窗的结合，看似单调，却遵循形式美的规律，

上官延昌宅院北房

在细节处注重变化，又避免细节过于突出，显得和谐美观。

此外该村原晋疆、刘水池、高明虎、韩随娃、解召禄等宅院与上官延昌宅院的院落布局、门窗花纹、建筑风格、遗留细节都极其相似。原晋疆宅院与上官延昌宅院空间建设基本一致，尤其是正房的明间及窗格，花纹也相似。二者是清代遗构，被弃置已久，院内杂草丛生，树木成荫。

原晋疆宅院北房

刘水池宅院北房

高明虎宅院北房

韩随娃宅院北房

解召禄宅院北房

钢叉鸽子楼院

南林交村现存最大的四合院落当数上官成群宅院，东西17.54米，南北20.36米，占地约357.1平方米。据北房脊檩题记记载，该院落创建于清乾隆三十一年（1766），原来为一进院落布局，坐北朝南，现仅存北房及西侧鸽子楼。北房面阔三间，进深三椽，单檐灰瓦硬山顶，四檩前廊式构架；鸽子楼平面呈方形，边长3.5米，高三层，通体砖砌，楼顶砌花砖墙。钢叉鸽子楼宅院，因其楼顶形状似钢叉而得名，样貌基本保存完整。鸽子楼下正房现在还可以正常居住，且主人只是在原檐顶的基础上将木质门窗更换为现代的玻璃门窗，除此之外，门额斗拱及雕花都

钢叉鸽子楼院内景

钢叉鸽子楼院前廊西侧门门额

钢叉鸽子楼院正房前檐下木雕

没有太大的改变。门额雕花极其精美，云纹多样，形简意明，将民间艺术与吉祥文化巧妙地结合在一起，处处寄托着主人对美好生活的期待与向往。

与鸽子楼相似的还有另一座宅院：道士帽鸽子楼院，因其楼顶形状像道士帽而得名。

道士帽鸽子楼院

西侧偏门为砖砌门楼，门额镌有“单厚”二字，西侧墙面已脱落，风雨剥蚀下的砖墙挺立了数百年。

道士帽鸽子楼院内景

道士帽鸽子楼院外墙

道士帽鸽子楼院砖砌门额上的龟形砖雕

道士帽鸽子楼院砖砌门额上的菱形木雕

这些遗存，记载了各大院落的兴衰荣辱，枯朽扭曲的门柱见证着昔日大家族的薪火相传，直到今天也没有丧失古宅原有的风姿。青藤古宅，绿瓦灰砖。慢慢倾听村中老者的娓娓软语，感受他们从风华正茂走向风烛残年，他们亲身经历这些院落的变迁，与其一路走来，是那么艰辛与温暖。

明清时期，南林交村的建筑风格已经基本成形。其普通民居为四合院结构。民居鳞次栉比，村道纵横交错，粮行、布店、米店、染坊、典当行等遍布大街，足见当时村落的繁荣。“富贵乡林交里”大概就是那个时候流传下来的。正是这些富足的生活条件，成就了南林交名人云集、代代出色的乡村传奇。这个不到2000口人的村庄，在元明清三个朝代就出了3位进士。改革开放以后，拥有大专及大专以上学历的就有200

多人，研究生有10多人，其中获得博士学位的就有6人。优美的环境、深厚的文化底蕴、浓厚的学风，使这里当之无愧地成为省级美丽宜居示范村。

这片沃土，滋养出了数不胜数的能人雅士。古院落承载了无数南林交前辈的故事，他们有的富甲一方，有的学富五车。在今天南林交《诗经》旅游园区里，建有曹端纪念馆。“公廉”思想是曹端为官一生的准则。曹端，字正夫，号月川，明代著名学者，曾任霍州学正、蒲州学正。明永乐二十二年（1424），曹端的学生郭晟被授西安府同知。郭晟临上任前，取道蒲州，去拜别恩师曹端并讨教为政之道。曹端说：“其公廉乎！公则民不敢慢，廉则吏不敢欺。”此后，明代著名的清官年富任山东巡抚时，将曹端的名言作了进一步的提炼和少许改动，增加了“公生明，廉生威”，书写刻碑，立于泰安府衙内，这便是我国最早的官箴刻石。现西安碑林博物馆珍藏有立于清道光年间的官箴碑。近五个世纪以来，“公生明，廉生威”这句名言被历代为官从政者所推崇和青睐，广为流传，源自曹端的“公廉”思想深入人心，被发扬光大。

龙泉寺

早就耳闻南林交的龙泉寺，却一直未亲眼看见它的雄风。当我们还沉浸在南林交人才辈出、物阜民康的思绪中时，不知不觉已走到全村中心。从小巷中穿出，眼前豁然开朗，期待已久的龙泉寺出现在我们面前。

龙泉寺始建于元代，明代重修，后经多次修缮，现存有大雄宝殿、东厢房、西厢房、影壁，灰檐红墙，墙上有两个圆形石雕，门上左右有联：千年古刹演绎古今兴衰史，诗经故里再续古今晋国梦。左右各有一扇门，为今人新建，体现了中国古建筑的中轴对称理念。

缓缓推门而入，迎面左右各一棵高耸的白杨，枝叶繁茂，斑驳的树影、忽明忽暗的光线，给寺庙增添了一种神秘之感。龙泉寺为一进院落布局，院落高低错落，疏密有致，幽深的庭院衬托出大殿的古朴大气。

龙泉寺寺门

正殿是大雄宝殿，位于寺北端台阶上，建于元代延祐五年（1318），面阔五间，进深六椽，通檐用四柱，单檐灰瓦悬山顶，琉璃正脊，斗拱双昂五铺作，斗有幽页，部分柱头有卷刹，梁架有升起。前檐已用砖封死，中间设板门，椽飞皆具。大殿内有三层台式柱础，仅一角有压角兽，与元代殿前月台的镇角相似，且周身线刻卷草纹饰，细节之处显得异常精致。廊下柱础精美，为传统覆莲造型。

大殿西侧是西厢房，平面为长方形。进深三椽，殿内梁架采用三架梁对前单步梁通檐用三柱。前出廊式，单檐悬山顶，现为后人改制。

龙泉寺墙上石雕

庄重神秘的龙泉寺给人无限遐想，幽深的院落不知历经多少岁月故事，700年后在三晋大地上依旧绽放着昔日的光芒。2013年5月，龙泉寺被国务院公布为全国重点文物保护单位。

龙泉寺大雄宝殿

大雄宝殿内柱头

大雄宝殿内柱础

传统覆莲形檐下柱础

龙泉寺全景

龙泉寺对面影壁檐顶

寺庙对面是一面影壁，元代建筑。影壁素面无饰，顶为砖雕仿木结构，灰布筒板瓦扣墙帽。它好像龙泉寺的守护者，陪着龙泉寺经历了无数的春夏秋冬。影壁前面两根电线杆上的鸟儿叽叽喳喳的，让这片地方变得热闹了不少。

二郎庙

龙泉寺不远处有一座小小的房子，被粉刷为全白，出于好奇，我走过去一探究竟。正好旁边有一位晒太阳的老者，他说这是村子二郎庙的旧址，曾经被村医院占用，现已废弃。这座建筑东西8.6米，南北5.2米，占地约44.7平方米，创建年代不详，依现存建筑形制看应为清代遗构。现仅存献殿一座，坐北朝南，面阔三间，进深两椽，单檐灰瓦硬山

二郎庙

土地庙

卷棚顶，三檩无廊式构架，前檐柱头饰简单斗拱。老人又跟我们说，村里还残留着土地庙、菩萨庙、龙王庙等几处寺庙的遗址，说着就带我们去看。我们跟在老人后面，看着他佝偻着背，边走边叹气，好像很惋惜这些庙宇没有得到很好的保护。

菩萨庙遗址

龙王庙遗址

龙泉池

龙王庙的对面是龙泉池，偌大的水池，供着全村人的用水。泉水清澈见底，对面垂钓的父子依稀可见，他们的欢声笑语传到我们耳边。

龙泉池（A）

龙泉池（B）

其他遗存

趁着老者兴致不减，我们请求老人带我们去找一找村中的古井，于

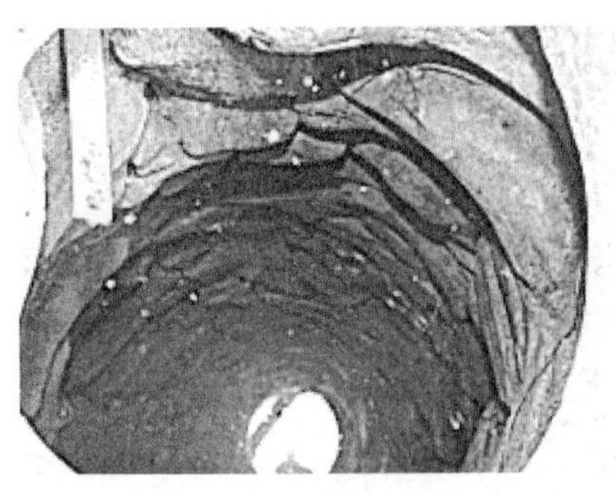

古井

是我们被带到一口古井前。沧桑巨变，古井竟能被保存至今且尚有活水，我们心头不禁涌上一丝感动。古井周身石砌，外井台上散落一只井盖。

我们拜别老者后，走在石板路上，回味着这古色古香的村落，路边散落的石碑如星星般闪烁在村子的角落里，有些不为人知，有些则格外显眼，但无论如何，它们都是这个村子的重要组成部分。我们离开村子的几天后，传来消息，这些石碑得到了应有的保护，被井然有序地存放在龙泉寺院内。

古碑

村中还有一块雕成龟形的石头，村民告诉我们这是古赑屃石。赑屃是龙的第六子，古代传说中的神兽，样子像龟，力大爱负重，旧时石碑下的石座常雕为赑屃状。确实，我们在它的背部发现一个矩形凹槽，正好可以放一块碑。

古赑屃石

增产桥

走着走着就到了村口，于是我们便去寻找20世纪曲沃县水利工程建设史上最有名的增产桥，据上官延昌老先生提供的资料，增产桥的修建动用了大量人力物力。

中华人民共和国成立后，党和政府号召大力兴修水利，县水利局经过反复勘察，决定横跨百余米长的深沟（本村称为“十二条坳”）筑坝引水。

中华人民共和国成立初期，曲沃百废待兴。增产桥大坝工程浩大，任务艰巨，工人劳动工具落后，真可谓困难重重。1951年初春时节，该工程伴着春风隆重开工。

总工程技术员由水利局王一和吴国兴全程担任，总领工指挥是范永年（南董村人）。工程的主劳力由山西省第五劳改支队120余人担任，他们在支队长苏庚仁（南董村人）的监领下，完成修建两孔桥洞和夯土坝的任务。在水利局的领导下，谭成业、杨兆祥、贺汝英三人动员邻村及下游受益的五村约1000人完成大坝运送土方的任务。桥洞需要大量优质石材，南林交村将龙泉寺东西厢房和太子庙的石台阶拆除，并收集村内散落的条石，用牛车源源不断地运往工地。工地上扁担箩筐来来往往，独轮小车川流不息，学校师生前来支援，年迈老人一旁助威，打夯声此起彼伏，沉睡了千年的山沟沸腾起来了。

担任主攻任务的劳改支队，在苏庚仁的监领下，白天打夯，晚上学习并评判每人的劳改表现，奖优罚劣，制度严格，充分调动了劳改人员的积极性，为确保工程的质量和进度作出了贡献。

历时一年零三个月，1952年6月，增产桥大坝顺利竣工，沟水自大坝坝顶灌渠直流西区，下游的近万亩旱田变成了水浇地。

此坝横截大沟（十二条坳），长120米，底阔25米，高15米；下桥洞过沟水，上桥洞过车辆行人，两桥洞进深10米，宽3米，洞高（含拱）35米。中华人民共和国成立初期，在水泥缺乏的情况下，砌桥施工全用米汁拌白灰、砂土（俗称破灰泥）反复捶打后才能使用。如今60多年过去了，大坝因沟下游修水库曾在水中浸泡5年之久，但至今纹丝未动，足见当年施工质量之高。

大坝及桥洞顺利竣工后，特请北林交村王兰太老先生为桥洞正面楷书题名“增产桥”，又请河南西村王巨川（又名王习）先生为桥洞背面行草题名“沸水”。

增产桥的修建，解决了全村的灌溉问题，增产桥大坝水利工程成为曲沃县水利工程建设史上重要的组成部分之一。

开车返城的路上，我们细细品味古村落的那些景、那些人，尤其是古色古香的民居建筑，遥望远处的南林交，落日余晖下，金黄色的巷道与绿瓦土墙交相辉映，行车愈远愈朦胧，那些宅院像是被镀了一层薄薄的金，别有一番韵味。时间把一切如烟旧事悄悄地写在了雕梁雀替、斗拱门额上，等待着今天的人们揭开神秘的篇章。

南林交村现有454户2000余口人，耕地1845亩，农民收入以农业和旅游业为主。农业特产莲菜，春秋时即为晋宫廷用品，它色泽纯白，酥脆无渣，甘甜适口，炸、炒、凉拌俱佳，是当地宴席上必不可少的佳肴。在农业调产中，乡党委、乡政府已将“千亩荷花观赏园”列为重要开发项目。2014年12月，南林交龙王池莲菜种植专业合作社被认定为“国家级农业专业合作社示范社”。该村莲菜2015年荣获第16届中国绿色食品博览会金奖。

近年来，南林交村举行了银杏树祭祀、舞动新时代大型广场舞等

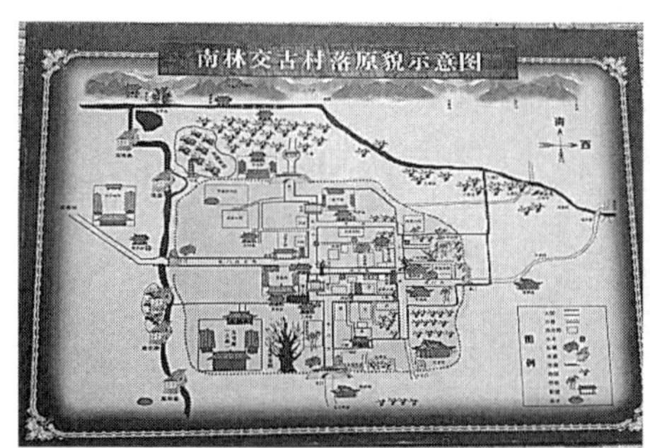

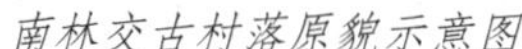
南林交古村落原貌示意图

南林交村航拍图

活动，2019年6月被山西省人民政府评为AAA级乡村旅游示范村，2019年被列入第五批中国传统村落、全国绿色村庄、省级美丽宜居示范村，2020年被列入第一批国家森林乡村，此外，该村还被认定为山西省休闲农业和乡村旅游示范点。

曲村

曲村，位于曲沃县城东北15公里处。地理坐标为北纬35°44′，东经110°32′。东和三张村、北赵村，西与修义村、吉祥村，北与东容裕村、白冢村相邻，南与史村镇郇村、吉许村隔河相望。地势平坦，背山（桥山）面河（浍河）。古有官道东通浮山、翼城，西达襄汾，自古就是货物集散地。

曲村旧村遗址

曲村今貌

曲村原名距村。《曲村镇志》记载，曲村为镇，始于元初。元大德七年（1303）八月，大地震，房舍破坏，地裂成渠，连续两年余震不止，重建房舍，复又塌毁，民众苦不堪言。朝列大夫靳用（靳强后裔）奉诏归里，联合北张氏村（今三张村）、南刘村（今闫家河村）、距村（今曲村）、靳家院（今曲村东南）、寺庄（今大悲院北）、寨子里（今曲村东寨里院）六庄为一镇，形成了曲村镇。由此可知，曲村在元代因地震而重建，村民以村中多达官显贵之墓为荣，因有远古尧王衣冠冢于村北，其墓呈“曲”形，故名。

曲村是古老的村庄。近年考古发掘证明，早在新石器时代和夏商时期，这里就有人居住。这里曾是春秋时晋国始封地，是晋国早期都城绛之故地。燮父改晋、文侯勤王等重大历史事件都发生在这里。西汉初年汾阳侯靳强及其后裔世代居住于此。

元大德八年（1304），朝列大夫靳用主持修建曲村镇城池，镇内为丁字街，街道格局至今未变。在丁字街的中心，有建于唐大和元年（827）的大悲院献殿，其在宋代治平四年（1067）重修，至今已历经1000多年风雨。此外，还建有尧庙、开天池、立鼓楼（1947年元月焚毁），建立六集。明崇祯五年（1632），李自成农民军曾进驻曲村。崇祯十二年（1639），瘟疫流行，曲村顿失繁荣。清顺治元年（1644），

曲村古镇老街（南大街）（曲村村委会提供）

曲村集镇再度兴旺。康熙四十二年（1703），康熙帝西巡经曲村，集镇更加繁荣。嘉庆二年（1797），白莲教兴起，曲村又遭兵燹。辛亥革命后，曲村集镇重兴，商贾云集，生意兴隆，成为周围各县商品集散地。民国二十七年（1938），日军入侵曲沃，曲村又遭兵祸。中华人民共和国成立后，曲村各项事业逐步发展，集市贸易再次活跃。

自曲村西门可进入村里的主干道，东西大街形成的商业街是村庄的东西主轴。昔日的城墙早已了无痕迹，古西关口现建有“晋都故地”牌楼，牌楼另一面题额为“三晋之源”。古色古香的特色商店整齐划一地排列在主街道两旁，人来人往，热闹非凡，重现了这条街车水马龙、商贾云集的历史场面。

曲村古镇老街（西大街）

曲村牌楼正面

曲村牌楼背面

曲村东西大街

曲沃古城墙四个城门皆已不存，原西门在今天“三晋之源”牌楼处，原北门在今车马店遗址附近。北门西部原有一侧门，可供运输重物的车马进城。北门内外的街道两旁曾是商铺集中之地，内商铺供城内人消费，外商铺则供旅居此处的商贾住宿消费。

从西门沿街前行不到200米，路北即是大悲院。大悲院位于全村的核心，门前的丁字路口是曲村鼓楼旧址。曲村的街道多是丁字路，很少有十字路，这是在战争年代，为了加强防御而设计的。

大悲院

大悲院坐北朝南，东西62.58米，南北83.36米，占地约5216.67平方米，建筑面积约615.49平方米。始建于唐代，后经多次重建，院内现存建筑有献殿、天王殿、过殿、东西厢房。献殿是元代大德七年

（1303）平阳大地震该地区唯一保存下来的宋、金建筑，面阔三间，进深三间，单檐灰瓦歇山顶，柱头科、平身科，斗拱五铺作。

大悲院献殿殿梁皆为彩绘，下梁绘二龙戏珠，上梁绘凤戏牡丹。殿内采用中柱，减少了柱子的使用，增大了室内的使用空间。大爬梁和大斜昂的采用，使整体建筑结构严谨，重心稳定。虽然在后代的修缮中，屋顶脊兽和瓦制品多已更换，但整体建筑梁架、斗拱皆完整地保留了宋、金时期的建筑风格。大悲院献殿堪称宋、金建筑的代表作。

大悲院（晋南石雕艺术博物馆）

大悲院主体

大悲院献殿全景

大悲院献殿彩绘雕梁

大悲院天王殿

大悲院天王殿过殿

大悲院天王殿前东厢房

大悲院天王殿前西厢房

大悲院的柱础和门额的石雕都是精品，其艺术形式极为考究。如今，大悲院成为晋南石雕艺术博物馆，曲沃县有名且精美的石雕、碑刻、柱础、门额、照壁等，皆分类收藏于大悲院内。

大悲院楹联柱

大悲院历代重修碑记

大悲院石雕

大悲院碑刻（A）

大悲院碑刻（B）

大悲院门额

大悲院柱础

靳家祠堂

靳家祠堂位于曲村南大街西侧，在大悲院以南100米。东西宽20米，南北长24米，占地480平方米，1987年被县政府列为县级文物保护单位。据靳氏家谱记载，祠堂始建于元朝延祐六年（1319）。祠堂几座庭院均为古建筑，亭台阁楼、长廊戏台，雕梁画栋，鬼斧神工。它布局独特，是研究古代政治、文化、地理、军事、民俗、建筑等的活化石，在晋南乃至山西实属罕见。门楼高大雄伟，装饰华丽。从大门进入祠堂，一条约10米的幽深巷道，把整个院子划分成两个部分：院北是北房、东厢房和西厢房；院南存放着全国各地靳氏族人的捐资碑，以及元代朝列大夫靳用的致仕碑。入祠堂门后，迎面是元代照壁一座，上有砖雕斗拱及垂莲柱等仿木结构，正中为“海上日出”照壁。20世纪六七十年代，

靳家祠堂门楼

靳家祠堂“海上日出”照壁

村中人用泥土覆盖，它才得以完整地保存到现在，基本没有损毁。

祠堂北房正殿门额刻有“靳祠”，内立有“始祖汉信武侯靳歙汾阳严侯强之神龛”，以及元代朝列大夫靳用神位，左右墙壁皆挂有靳家历代祖先的画像。

东西厢房后墙壁上均有五块石碑，东厢房石碑主要记述西汉至明代靳氏族人的名人逸事，西厢房石碑主要记录元奎章阁大学士靳荣的部分诗文等史料。

院中所竖的两根大旗杆乃原物，系柏木所制，院中的一对大缸乃仿照清代曲沃县城内原靳家祠堂放置的大缸制造。

院南部的石亭、石碑是2016年全国各地靳氏族人慷慨捐资，从安徽精选石料，由江苏、山东族人精雕细刻，长途运至曲村搭建而成的。亭

靳家祠堂北房

靳家祠堂北房正殿神龛

靳家祠堂北房梁架雕花

靳家祠堂东厢房

靳家祠堂西厢房

中碑乃是元代朝列大夫靳用碑的复制件，原件在曲沃二中操场内。因年长日久，风吹日晒，已然风化，故而复制。

靳家祠堂大旗杆底座

靳用碑复制件

靳用碑原碑

靳家祠堂院内亭子

靳家祠堂大门内侧

大南门13号旧址

靳家祠堂对面是大南门13号旧址，现在已经褪去了昔日光鲜亮丽的外衣，蒙上了一层岁月的风尘。大南门13号10年前还残留有北厢房及西厢房，后来仅仅残存几扇门，今已修复。

大南门13号外景（现在）

大南门13号主体（10年前）

宋家院、寨里院

靳家祠堂往南行200多米后左拐即进入曲村南街，街北是寨里院，街南是宋家院。宋家院建于明代，在民居中属于建成较早的院子。坐北朝南，一进院落布局，现存正房及两间偏房。正房面阔三间，进深两椽，单檐灰瓦悬山顶，明间门二扇，次间三扇小槅窗，简单方格纹。明间门额格状雕花，似龙凤呈祥，雕工精细，玲珑巧妙，使得整间正房门窗不显得过度单调。正房总体以木质的门窗代墙，屋顶檐下由大面积的门窗铺展开来，重复延展的方格纹窗格，既实用又美观。正房背面是土木墙面，两侧以砖加固。

宋家院对面是寨里院，一进院落布局，小四合院。正房门窗现均被改为玻璃窗格，主门门额有一圆形开窗，与墙面完美结合。屋顶基本保持原状。因为房子主人还在正常居住，所以院子整体已与现代四合院无异，仅存有原始屋顶和零星木雕斗拱。

宋家院正房

宋家院门窗雕花

寨里院正房

寨里院内景

寨里院外景

寨里院房檐

寨里院檐下斗拱

寨里院石鼓

铁货铺

沿着南街直走，丁字路口左拐，是寨里院的东侧。围着寨里院转了一圈，我们回到了东大街的干线上，在东大街口北转，我们找到了铁货铺。旧时这里是出售铁具的商铺。铁货铺北院始建于清代，现在无人居住。北院坐北朝南，一进院落布局，现还完整保留着北房、东房和西房。北房面阔三间，进深两椽，檐下雕花斗拱简约细致，开窗为三开窗

铁货铺北院正房

铁货铺北房东侧砖门

铁货铺北院内景

铁货铺南院内景

铁货铺南院原大门

铁货铺南院现大门

铁货铺南院外墙

方形细密网格纹，明间四门，次间东西各两扇窗。

东房与北房之间有一扇砖门，且房梁相连。北院内铺青砖，基本保持原来的院落布局。

铁货铺南院为主人日常生活之院，一进院落布局，院落全貌保存完整。

院外大门为新建。原先大门已用砖封住，砖砌门额镌有“凝瑞”。旧门附近墙面已经显出许多岁月的痕迹，有些裂痕较深，这可能就是主人当时迁门的主要原因。铁货铺南院东侧墙壁已经裸露出砖脚，有的地方甚至摇摇欲坠。墙壁上嵌有门面，是当时铁货铺的交易窗口。

铁货铺村巷东侧是北大街，其交叉处是当时曲村北门所在地。通过问询村里的老人，我们得知，原北门内外的街道两旁皆是商铺、客栈，原北门外面的商铺为外来的商旅提供饮食和住宿。这一切使我们深深地感受到曲村自古就是晋南货物集散地、商旅往来集中地。

曲村醋坊

铁货铺南的巷子中有酿米醋、陈醋的新作坊，旧作坊在车马店旧址附近，早已被拆，仅存残垣断壁。整个巷子弥漫着酸酸的陈醋味儿。曲村的酿醋工艺传承已久，我们也早就听说曲村有地道的陈醋，今天终于

小米醋作坊（旧照）

玉米醋作坊（旧照）

醋坊招牌（现照）

见到了作坊。

曲村主要制作小米醋、玉米醋，其酿醋工艺有一套完整的流程。

制作工具：铁锅、木质的箅子、瓮。

其流程主要是蒸米、过淋、发酵，其中关键是蒸米，要把握蒸米的火候，若欠火就取不尽米的精华，若过火则无法获得米的精华。

1.蒸米用一口直径1.33米的铁锅，锅沿以上用砖砌起0.83米高的围墙，锅沿与地面平，围墙从地面起，锅口上可放置木质的箅子。到了快熟的时候，要一分钟一分钟地测试，当两指捏起一撮米粒可搓成一团而不感到有硬核时，就要熄火，将碾好的麦芽泥倒入搅拌。

2.将搅拌均匀的米装入淋瓮，注入热水，经十多小时糖化后，放入浆水，形成甜水。

3.发酵。将甜水装入缸内，放入神曲将口盖严，再用泥巴密封，置于阳光下加温（冬季要在房内用炉火加温），待其发酵成醋。

以前曲村的西门，即现在“三晋之源”牌楼处有著名的“元义坊”

“元义坊”老字号米醋作坊雕像

老字号米醋作坊。“元义坊”米醋起源于清光绪年间，由曲村曹氏家族独创。产品主料精选当地优质小米，以大麦、豌豆等为辅料，经30多道手工工序，历180余天缸贮封存，夏伏晒、冬捞冰陈酿而成。其色泽金黄清亮，陈香馥郁，味美甘香，入口有酸、甘、醇爽之感，富含醋酸、氨基酸、维生素及多种微量元素，不仅是调味佳品，而且能入药疗疾。

靳家院

靳家院位于曲村西南角，清代修建，整体为砖木结构。靳家院主体坐北朝南，为一进院落布局。正房面阔三间，进深两椽，单檐灰瓦悬山顶。明间三扇门，细密网格纹，次间亦三扇槅窗。正开窗为四扇灯笼锦，侧开窗为四扇柳条纹，正门有圆墩形柱础。正房与东西厢房间各有一扇砖门相通。

东厢房与西厢房的整体风格一致，均为面阔三间，进深两椽，单檐

靳家院正房

靳家院东厢房

靳家院西厢房

灰瓦悬山顶，三檩无廊式构架。明间置木质小门，次间设方窗。门额上左右各一个开窗，方格纹。

此处为典型的“牖窗”，即在墙面上开窗。这种窗户通常在高大宽阔的墙面高处，开一孔面积较小的窗洞，以圆形居多，也有矩形的，还有个别开在低处或者上下开两孔的。有一种说法：外墙上这种窗洞的设置，在过去人们的观念里，代表着财不外露，暗屋聚财。至于住宅内的通风采光的实用功能和显示门第的装饰作用，则由院内门窗来承担。

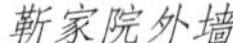

靳家院外墙

靳家院大门

靳家院西砖门

靳家西院

靳家西院位于靳家院西部，保存完整。正房面阔三间，进深两椽。正门四扇，细密菱形纹，偏窗方格纹。正门门额雕花精致大方。

靳家西院正房

靳家西院东厢房

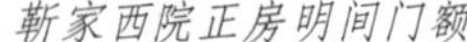

靳家西院正房明间门额

靳家西院内景

无名院

曲村还有三座不知姓氏来历的院落，为清代的单檐灰瓦悬山顶，雕花斗拱。三座院子皆以门代墙，与宋家院、寨里院、铁货铺、靳家院一致，说明曲村的院落绝大多数是这种墙面即门即窗的建筑风格，房的正面主要由大面积的木质门窗连接而成，面阔三间，进深两椽，正门以简单的方格为纹饰，两边窗户则多以柳条纹为纹样，房檐下没有墀头，墙面多与屋顶垂直。

此外，曲村还有许多已被拆除但尚有些许残存的建筑。

无名院（一）主体

无名院（一）细部

无名院（二）主体

无名院（二）细部

车马店遗址

车马店遗址现仅存残迹，由于要修建新房，旧屋早已被拆毁，现仅能借助十年前的照片，感受当年车水马龙、旅客云集的盛况。

车马店遗址主体（十年前）

车马店遗址细部（十年前）

车马店遗址远景（现在）

古商铺遗存

古商铺门面（十年前）

古商铺门面（现在）

石家北院遗存

铁货铺斜对面是石家北院，清代建筑，现仅存遗迹。石家北院正房面阔三间，进深两椽，明间设木门三扇，次间设柳条纹方窗，二层四扇小槅窗，檐下有精致斗拱及雕花。

石家北院主体（十年前）

石家北院细部（十年前）

石家北院遗存远景（现在）

曲村的天堂药铺、当铺院等被拆除，今已完全不存建筑，只能从十年前留存的照片中感受其当时的形貌，不禁让人扼腕叹息。

天堂药铺主体（十年前）

天堂药铺细部（十年前）

当铺院主体（十年前）

当铺院细部（十年前）

曲村—天马遗址

曲村—天马遗址规模宏大，东起翼城县天马村，西至曲沃县曲村镇，南起滏河岸，北达桥山坡。经过北京大学和山西考古研究所近20年大规模勘探发掘，共揭露面积12000平方米，发掘墓葬1000余座，其中周代墓葬800座。在该遗址的核心区域（北赵村南的晋国公族墓地），发现了9组19座晋国早期国君及夫人墓葬、10个车马坑，发掘各类珍贵文物12000余件。该发现被列为1992年、1993年全国十大考古新发现之一，其发掘成果为我国“夏商周断代工程”西周列王编年课题的解决提供了支撑。

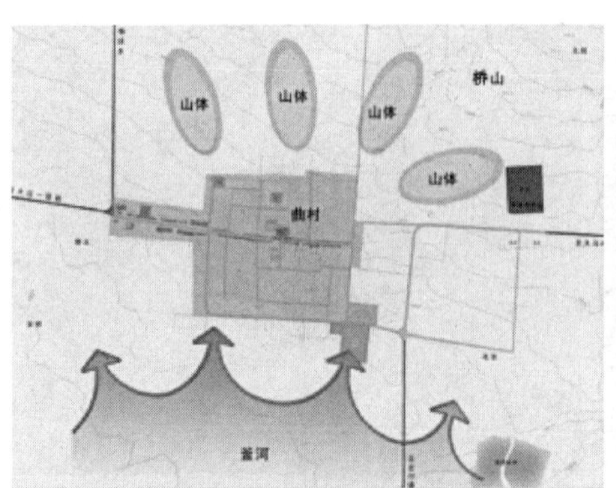

曲村区域地形图

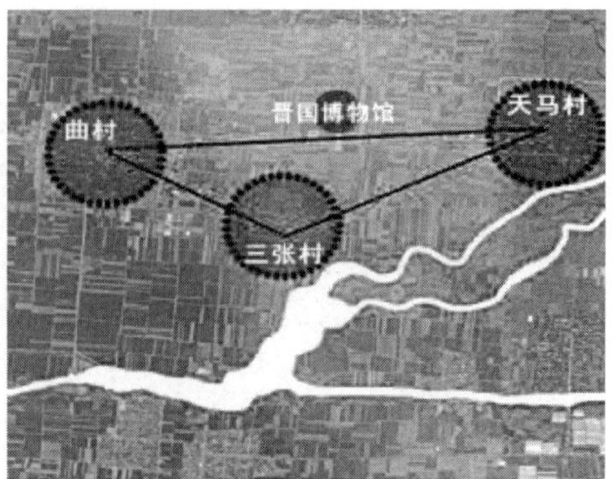

曲村—天马遗址卫星图

晋国遗址远景

晋国遗址文化层

在晋国遗址采集的标本

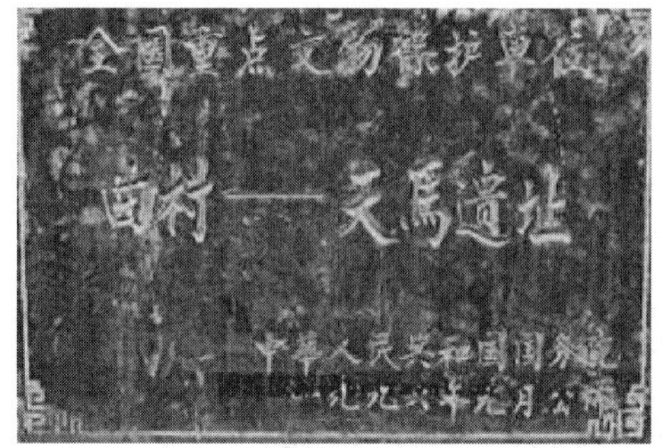

曲村—天马遗址碑

1996年，国务院核定公布曲村—天马遗址为全国重点文物保护单位。2014年，依托曲村—天马遗址兴建的山西省首座专题性遗址类博物馆晋国博物馆在曲村镇竣工。

位于遗址西北部的曲村村北

晋国博物馆入口（曲村牌楼）

晋国博物馆M8车马坑

邦墓区全景

邦墓区M139随葬品

一带为晋国平民的中小型墓地，称为晋国邦墓区。1980—1989年，我国对晋国邦墓区前后进行了6次发掘，清理西周、春秋时期墓葬641座、车马坑6座。邦墓区的盗掘活动对遗址破坏较大。

曲村西遗址

曲村西遗址位于曲村西北约500米的农田中。东西500米，南北300米，分布面积15万平方米，文化层厚约1.5米。第二次全国文物普查时采集有汉代的泥质灰陶罐、盆和甑等残片。遗址区有废弃的砖瓦窑和养鸡场。

曲村西遗址

曲村东遗址

曲村东遗址位于曲村东约20米的农田中。东西500米，南北380米，分布面积19万平方米，文化层厚约1.2米。遗址中部断崖上暴露有文化层堆积，地表采集有东周时期的泥质灰陶罐、壶、绳纹鬲和夹砂绳纹鬲等残片。第二次全国文物普查时发现断崖上暴露遗迹有灰坑、烧灶和陶窑等，出土有仰韶文化庙底沟类型的陶器、石器和骨器以及龙山文化陶寺类型的陶器和石器。1985年被列为县级文物保护单位。

曲村东遗址

曲村村巷及其他

曲村宅间水泥路

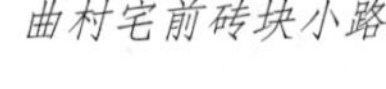

曲村宅前砖块小路

曲村古槐树

曲村古碾

靳用墓

靳用（？—1319），字佑之，曲沃人，汉汾阳侯靳强后代。官至朝

靳用碑原碑

靳用碑复制件

列大夫、晋宁路总管。靳用墓封土已夷平，地表现存元延祐六年（1319）墓碑一通。碑青石质，螭首龟趺，通高3.86米，碑身宽1米，厚0.42米。额题篆书“赐翰林大夫致仕靳府君碑”，首题“敕赐朝列大夫同知晋宁路总管府事致仕靳府君碑”。碑文楷书，记载墓主生平。清光绪《山西通志》载，“廉访使靳用墓……在曲沃县曲里村”。原碑在今曲沃二中操场内，复制碑在今靳家祠堂院内。

曲村镇旅游

曲村镇除了主打晋国博物馆旅游区等一系列物质文化遗产项目的旅游之外，还有大悲院、靳家祠堂、古镇印象、生态农业休闲区、现代农业展示区等景区。下文简介上文未曾提到的景点。

晋国博物馆雕塑

1.晋国博物馆

晋国博物馆是依托全国重点文物保护单位曲村—天马遗址而兴建的，也是全国第一座系统介绍晋国历史脉络的遗址类博物馆，总占地124000平方米，建筑面积13393平方米。馆内工程主要包括历史文化展厅、发掘史展厅、遗址保护展示厅、多媒体厅、藏品库房及其他附属设施。

晋国博物馆坐落在闻名中外的曲村—天马遗址核心区，是山西省第一座遗址类专题博物馆，也是全国唯一一座集遗产保护、文物陈展、文化交流为一体的晋文化展示平台。馆内展示有9组19座晋国诸侯及夫人墓葬，各类珍贵文物12000余件。由48辆真车、105匹真马陪葬的车马坑，比秦兵马俑还要早600年。置身其中，仿佛看到车轮滚滚，听到战马嘶鸣，领略到晋国曾经的辉煌与强盛。

2.古镇印象

曲村古镇乃晋都故地，历经千年，繁荣至今。近年来，在曲沃县委、县政府“重现千年古镇风貌，打造以晋国博物馆为核心的全域大景区旅游格局”的战略指引下，曲村镇坚持传承精髓与创新特色相结合，墙面改造与外观装点相结合，色彩庄重与典雅柔和相结合，先后投资700余万元改造了古镇商铺立面，更换了仿古牌匾，悬挂了仿古彩旗。伴随着复古街道建设延伸，停车场、绿化带、商铺、住宿区配套完备，风味小吃、农家特产、旅游产品展示汇集，商贾云集、车水马龙、晋味浓郁的古镇风貌将重现。

3.现代农业展示区

曲村现代农业展示区，集设施农业、高效农业、观光农业为一体，是曲沃县的八大农业园区之首。目前，园区建设有新型日光温室、标准拱棚等千余个，产品远销山西省周边各大城市。园区内道路纵横交错，文化墙廊点缀其中，人们在采摘园采摘品尝瓜果，其乐融融。

4.生态农业休闲区

生态农业休闲区位于曲村西南，占地10000平方米，是曲沃县首家村级农民休闲体验园。该园是在曲村污水处理回用厂建设的基础上，因地而建，因材而用，因势而造。园内栽植有浮萍、荷花等观赏植物，铺设有环场鹅卵石步行小道，仿建有农耕景观，配建有仿古式凉亭、休憩椅等休闲设施。

石滩村

石滩村位于曲沃县城西北25公里。地理坐标北纬35° 47′，东经111° 29′，海拔1060米。北靠垆顶山，南部为丘陵，东与杨谈乡兴隆庄连接，西和新城接壤。石滩村地处太行山西侧，与襄汾县依山相邻，距离丁村民俗博物馆7公里，四面群山环抱。石滩村是一个东西走向、北高南低的典型丘陵地带，村北是山，村南是坡，村东是沟，村西是霍侯一级公路，西北猛截沟直通汾河。从曲沃太子滩到里村，然后爬坡而上经蒙城村向东2公里，就到了垆顶山下的石滩村。

石滩村远景

路边窑洞

石滩村因位于垆顶山麓之石滩口，故名。据村中人讲，清朝康熙年间，这里是一片荒凉的土地，沟山连片，只有村西的部分土地能耕种，蒙城小南门辛氏族人每年来这里耕种，只种一季小麦。大约到康熙五十年（1711），为耕种方便起见，辛氏族人辛学贤带领三个儿子定居于此。数年后，儿子们分为三家，各自成家立业，经世代繁衍，这里渐成一村落。

石滩村目前有300多孔窑洞、3座像样的四合院。200多年前建造的古庙和砖窑洞，基本上保持着原状，这些建筑成果皆凝聚着祖先们的血汗和智慧。

石滩村地处太行山麓，民居多为石头房屋、土窑洞，与沟山相连，独具一格。石滩村人杰地灵，民风淳朴。祖祖辈辈与石头打交道的村民，在石头缝里繁衍生息，在山沟里艰苦劳作，养成了吃苦耐劳、坚韧不拔的性格。石滩村生态环境优美，百年古树随处可见，原始村貌基本没有受到大的破坏。

该村居民原居住分散，沟里沟外、坡上坡下到处都有民居。在新农村建设中，他们另选新址，全部迁往坡上塬地。

村巷

石滩村有些村巷仍旧保留着原有的土路，目前村子分为老村和新村。老村位于全村东南角的山沟里，路的两旁皆是窑洞，村中人把这条沟叫作刘家沟；新村是在旧村的基础上向西北扩展。旧村村口是天井院，院子正房有三孔窑洞，偏房是后期新盖，门楼较低，与曲村旧院的门楼相似，但院内布局全然不同。曲村旧院是砖木墙面，天井院则是背山挖出的三孔窑洞。几年前，天井院有人居住，修建新村后，院子慢慢被废弃了。

石滩村俯瞰

石滩村整体风貌

石滩村原土路

石滩村新修水泥路

天井院

天井院大门

天井院内景

天井院窑洞

天井院俯瞰

无名院一

院子保持着原来的木质梁架，砖砌拱形木质大门，仿木砖砌斗拱，两边有简约大方的砖雕，雕花已磨损不清，圆墩形柱础已被磨损得没有明显的棱角。

无名院一门楼

无名院一大门

无名院一门楼砖雕

无名院一柱础

无名院一房梁

无名院一正房梁架

无名院二

砖砌门楼。门额镌字“安居”，字形朴实端方。大门为砖券拱门。院落中仅存几孔土窑，与天井院不同的是，土窑并未经后期加工。院子很小，几乎全露天。

无名院二砖券门

无名院二窑洞

关帝庙

石滩关帝庙位于石滩村东原石滩小学院内。东西22.99米，南北44.65米，占地约1026.5平方米。创建年代不详，依现存建筑形制看，应为清代遗构。关帝庙坐北朝南，现存建筑有大殿、东配殿、东西厢房、人民舞台及大门。

大殿石砌台基高1.1米，面阔三间，进深两椽，单檐灰瓦硬山顶，三檩无廊式构架。殿内现存现代塑像五尊，大殿前墙已改建，门窗皆木质结构，左右两窗网格本为木质柳条纹，但年久失修，被村人以铁丝代替。关帝庙内供有神像一尊、彩绘壁画一幅，皆后人新做。后墙现已加固。台基前有石砌垂带式踏道；石阶下散落一碑，碑文经风吹雨淋已漫漶不清。庙南部于1969年建成一座人民舞台；东部现存东厢房五间；西侧在崖壁上凿窑洞六孔，均砖券窑门，做西厢房用。西厢房窑洞门额上有十字形状的砖洞，是因为此处曾经被用作村医院。大殿东侧有配殿两间，西侧为后建砖砌拱形门一座，门额镌字已模糊不清。关帝庙门楼形状与普通门楼不同，中间为三角形。大门和外墙之间增加了拔地而起的

门外墙上神龛

关帝庙门楼

关帝庙正殿

方形砖柱，柱顶与关帝庙房檐齐平。门外墙上开有一孔，放置神龛。

整个院子废弃已久，院内杂草丛生，戏台也未加修缮。

关帝庙内塑像壁画

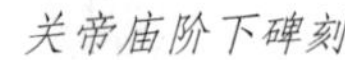

关帝庙阶下碑刻

关帝庙西厢房

关帝庙南戏台

关帝庙东厢房外墙

三庙

石滩村主干路正北，靠近垆顶山山坡的路边，三个庙龛被围进了一个院子。拱门门额自左向右题“土地”“山神”“龙王”，门内供奉三神的神位，神龛为砖砌牌楼状。土地庙旁边有一通石碑，载有垆顶山脚张家湾村重修土地庙的捐资人。

土地庙内石碑

其他遗存

村中还有许多古物，或保存在寻常人家，或散落在路边。

石磨　石鼓　石槽

石碾

村中古树有许多已上百年，年龄最大的是村东南处的皂角树，据村中人说，此树已有五百多年。

古树

石滩村最大的特点是保留了许多前辈流传下来的古家具及古手工业、农业用具。古家具多是清代遗物。

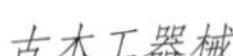
古木工器械

古牲畜器械

古鱼缸

古家具

古豆腐锅　石条　古粮仓

古乐器　古炊具

石滩村有许多传统武术表演器械，其中大多比较精致。

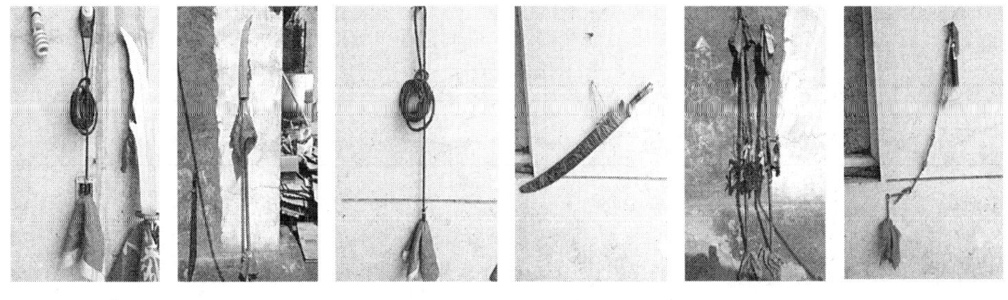
传统武术表演器械

石滩村改革开放前以农业为主，属一年一作的旱作地区，主产小麦。20世纪80年代末，村内兴起矿业，矿产品有铁矿石、石膏石、高钙石等，产品质量好，远销湖南、湖北等地。进入21世纪，村民们由开矿出卖资源，变为发展矿产品加工业，以丰富的矿产资源和雄厚的资金招商引资，使中条山新型建材有限公司落户本村，给村民增收开辟了新的途径。矿产资源的开采，带动了运输业的兴起。20世纪90年代，村里几乎家家户户都买车跑运输，运输业成为村民的一项重要经济收入。

丘陵

耕地

安吉村

安吉村远景

安吉村，位于曲沃县城南0.8公里处。地理坐标为北纬35°37′，东经111°28′。东邻南吉村，北接西南街村，西连东韩村，南隔浍河与薛庄相望。安吉村古名乐昌堡，俗名河底村。清乾隆二十五年（1760），曲沃县令张坊曾为安吉村题写村名“古乐昌堡”。因张坊任期内，该村无一诉讼事件，故命名为“安吉村”，沿用至今。

安吉村，明属富贵乡河底里，为里治地。清属头乡韩河里。民国七年（1918），属一区。民国二十六年（1937），属一区东韩编村。民国三十六年（1947），曲沃解放，安吉村属城关市（1949年撤销）。1949年，为行政村，属一区。1950年，改属城关区。1956年，改属青丰高级农业合作社。1958年，属卫星人民公社东韩管理区。1959年，改属曲沃公社。1961年，称安吉大队。1984年，改称村委会，属苏村乡。2001年，并入乐昌镇。安吉村为曲沃县内古老村落之一。北周建德六年（577），曲沃古城南部被浍水冲毁，县治移于乐昌堡（今安吉村）。县衙门在此留驻13年，隋开皇十年（590），该村南部也被浍水冲毁，县治才移至今天的曲沃县城。

关于该村来历，《文氏家谱》记载了另一种说法：南宋文天祥在大都慷慨就义后，其宗弟为避株连，逃来本县，其一支迁徙至该村后，因庆幸在此安居乐业，故更名为安吉村。今村中仍存有文家巷。

村里现存的传统民居有史家大院、贾汉复民宅、贾成太民宅、贾焕文民宅、贾正席民宅、卢朝梯民宅、文怀德民宅、郭省三民宅、宋廷瑛民宅、张永茂民宅、张永富民宅、邹长顺民

村巷

宅、文奇民宅、王印星民宅、文青杰民宅、王振本民宅、文凤翔民宅、宋廷瑞民宅、乔建业民宅、宋廷玺民宅、宋廷理民宅等。

贾汉复宅院

贾汉复宅院外景

贾汉复宅院门楼

贾汉复宅院为清代建筑，坐北朝南，一进院落布局。贾宅门楼饰以简单斗拱，现存北房及东房。北房面阔三间，进深两椽，单檩无廊式架构，正门四扇，门额上开六扇雕花槅窗。东房面阔三间，进深两椽，单檐灰瓦悬山顶，三檩无廊式架构，为晋南普通民宅建构。明间开木质正门六扇，门额方窗与正门对应为六扇槅窗，左右次间设半圆弧方窗，饰线形纹。贾汉复宅院现还保存有清代椅子一副、精致床榻一张。

贾汉复宅院门楼雕花

贾汉复宅院正房门及槅窗

贾汉复宅院床榻

贾汉复宅院桌椅

贾汉复宅院东房

贾汉复宅院东房正门

贾汉复宅院正房梁架

安吉村为贾汉复故里。贾汉复明末为淮安副将，清顺治二年（1645）归清，隶属正蓝旗汉军。顺治十四年（1657）任河南巡抚。康熙元年（1662）任陕西巡抚。贾汉复在曲沃时置社仓田数百亩，为县人备荒。自筹资金修建文昌阁，请名儒卫绛山讲学，并捐500亩滩地，用租金助学。后又捐赠自己所建雨翠庄，创乔山书院，并刻碑："请与后人约，我子孙不得视为私有，他人亦不得以势力攘夺，倘有睥睨窃据，许合邑之人声大义而共击之，庶世世为公物。"他还在北京建曲沃会馆，为曲沃赴京的儒生提供食宿等便利。康熙十六年（1677）病逝。

安吉遗址

安吉遗址位于安吉村东150米处的浍河北岸台地上，东西250米，南北200米，面积5万平方米，文化层厚0.6—1.2米。遗址西部断崖上暴露有灰坑1个，地表采集有夏代的夹砂灰陶绳纹陶片和汉代的泥质灰陶罐、绳纹板瓦残片。1985年公布为县级文物保护单位。

在安吉遗址采集的标本

安吉堡遗址

安吉堡位于安吉村内，据清乾隆二十三年（1758）版《新修曲沃县志》记载，安吉堡始建于后周时期，后几经改建，现在遗存为明代所建。安吉堡遗址平面呈长方形，面积约60000平方米，地表现存东墙残段及北城门洞遗迹，残存墙体长200余米。墙基宽5米，顶宽1.5米，残高约6米，墙体夯筑，夯层厚0.1—0.2米。

安吉堡遗址东墙

安吉堡遗址北门

安吉西遗址

安吉西遗址局部

安吉西遗址位于安吉村西约50米的浍河北岸台地上。地势北高南低，东西250米，南北200米，面积5万平方米，文化层厚约1米。地表采集有汉代的泥质灰陶罐、壶及绳纹板瓦、筒瓦残片。

安吉墓群

安吉墓群位于安吉村东80米的浍河北岸台地上，东西100米，南北60米，面积6000平方米，是一处汉代墓葬群。第二次全国文物普查时墓地内断崖上曾暴露有砖室墓多座，采集有泥质灰陶彩绘陶罐、盆和瓶等

安吉墓群全貌

残片，未发掘。1987年公布为县级文物保护单位。

安吉村瞄准市场抓农业，在种植粮棉的基础上，大力发展蔬菜生产。有蔬菜大棚23座，面积达11.5亩，并建有蔬菜批发市场，占地3334平方米。

2010年，全村有338户1346人，设4个村民小组，耕地面积1710亩，农民年人均纯收入6811元。

木门

农具

古磨盘

古家具

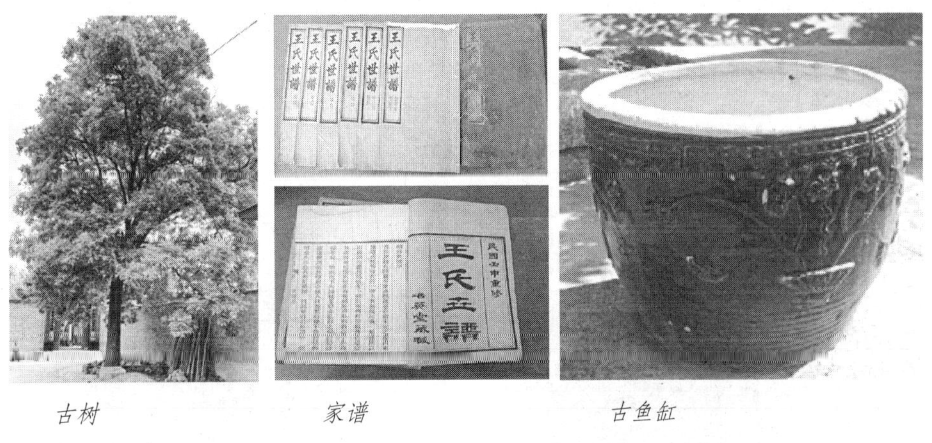

古树　　家谱　　古鱼缸

西南街村

西南街村，位于曲沃县城西南隅。地理坐标为北纬35°38′，东经111°28′，总面积6.87平方公里，海拔400—500米。东与东关、东北街两村相邻，北与东张寨、西张寨、浍移庄、北关接壤，西与侯马市凤城、西韩两村毗邻，南与东韩、安吉、南吉三村相望。因地域和方位而得名。

民国三十六年（1947），曲沃解放初期，辖区有西街和南街两个街公所，属曲沃城关市管辖。1949年，转由一区管辖。1953年，西街、南街两个街公所合并，称西南街街公所（乡级）。1955年，辖区的三个初级农业合作社合并为奋勇高级农业合作社，仍归一区管辖。1956年，归城关镇管辖。1958年，改由卫星人民公社管辖。1959年，改称曲沃公社，奋勇社改称西南街管理区。1961年，改称西南街大队。1984年，改为西南街村民委员会，仍属城关镇管辖。2001年，属乐昌镇管辖。

薛家大院

薛家大院门楼全景（十年前）

薛家大院门楼全景（现在）

薛家大院门楼斗拱及墀头

薛家大院门楼墀头

薛家大院龟背纹照壁

薛家大院位于西南街村西城巷10号院内，创建于清代。大门外部门楼属木雕斗拱与砖雕影壁式的结合，这在山西明清院落门楼结构中并不多见。面阔一间，进深两椽，单檐灰瓦硬山顶，檐部饰有木雕花卉斗拱，并施以彩绘，中部置板门两扇。门楼的左右两侧砖雕墀头，精巧生动、活灵活现。墀头下各有一面八字护墙，左仙鹤，右福鹿，寓意吉祥长寿。护墙下有两层祥云砖雕，细致规整。门墩石为两座青石质小狮雕，狮座下三层座基。纵观整个门楼，有一种豪门大院的磅礴气势。

薛家大院坐北朝南，三进四合院结构，占地1011.6平方米，保存基本完整，后期保护工作也做得很到位。整体建筑呈规整的长方形，中轴线上自南向北依次有南房、过厅、过厅楼、北楼等建筑，两侧均有东西厢房。

一进院由大门、东西厢房、南房、过厅组成。大门开于院落东南角，门内东厢房南墙上有龟背纹影壁。其西侧为南房，面阔三间，进深两椽，单檐灰瓦硬山顶，三檩无廊式构架。南房现整理为贾汉复纪念馆，西南角有一小角房。东西厢房形制相同，均为面阔三间，进深三椽，单檐灰瓦硬山顶，四檩前廊式构架。过厅面阔三间，进深三椽，四檩前廊式构架，单檐灰瓦硬山顶，其东西两侧各有耳房一间。过厅门额雕花斗拱极其精美，皆彩绘卷云吉祥花纹，为木雕复杂式斗拱，莲花卷草纹雀替，雕梁画栋，飘逸灵秀。

薛家大院一进院全景图

薛家大院一进院过厅斗拱雕花

二、三进院形制大体相同，均为两层前廊式结构。过厅楼及北楼为明三暗五格局。过厅楼面阔三间，进深四椽，五檩前后廊式构架，单檐灰瓦卷棚顶；北楼面阔三间，进深三椽，单檐灰瓦硬山顶，四檩前廊式构架。东西厢房均为二层前廊式建筑，二层有走廊并可环行。后院的西北角有一小门，坐南向北。北楼背后现存有一块影壁。

薛家大院总体空间分布错落有致，建筑修饰古朴典雅，厚重大方，是清代晋南民居的代表性建筑。2004年6月公布为省级重点文物保护单位。2019年入选第八批全国重点文物保护单位名单。

薛家大院二进院全景

薛家大院三进院全景

西城巷33号民居

西城巷33号民居位于西南街村西城巷33号张继善院内，占地约260平方米。创建于清康熙十五年（1676），原为一进院落布局，坐北朝南，现仅存东西厢房、南房及门楼各一座，北房已拆建。东西厢房均面阔三间，进深三椽，单檐灰瓦悬山顶，四檩前廊式构架，前檐柱头及平身科饰木雕花卉斗拱，西厢房墙体已改建。南房面阔三间，进深两椽，单檐灰瓦悬山顶，前檐平身科饰木雕花卉斗拱。门楼位于西南角，坐东朝西，面阔一间，进深两椽，檐部平身科饰木雕花卉斗拱。门内正对南房西山墙上的砖砌照壁，中置板门两扇，两侧各有一精美石狮，外砌八字护墙。

西城巷33号民居外景

西城巷33号民居门楼斗拱

西城巷33号民居门楼

西城巷33号民居门楼石狮

西城巷33号民居影壁

西城巷33号民居内景

西城巷33号民居东厢房

西城巷33号民居西厢房

西城巷33号民居南房

西南街村当铺

西南街村当铺位于西南街村大同智巷3号院内，创建年代不详，依现存建筑形制看应为清代遗构。东西24.3米，南北25.99米，占地约631.6平方米。坐北朝南，中轴线上现存南房、北房，两侧为东西厢房，院内过厅已拆毁，遗迹不存。北房面阔三间，进深两椽，四檩前廊式构架，单檐灰瓦悬山顶，明间置槅扇门，次间开大方槅窗。东西厢房各面阔二间，进深两椽，单檐硬山顶。北房西侧拱门内有三间砖瓦房，属后建。南房（当铺）亦面阔三间，进深两椽，单檐硬山顶。大门位于院落的东南角，门前东西两侧各有一青石质镂雕石狮，门内正对东厢房南墙上的龟背纹照壁。这是一处典型的清代民居建筑，为研究晋南清式建筑提供了实物资料。2000年公布为县级文物保护单位。

西南街村当铺内景

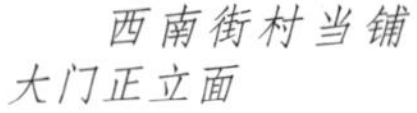

西南街村当铺大门正立面

西南街村当铺大门石狮

西南街村当铺北房东山墙外部结构

大同知巷4号民居

大同知巷4号民居大门

大同知巷4号民居位于西南街村大同知巷4号院内。二进院落布局，坐北朝南，创建年代不详，依现存建筑形制看应为清代遗构，后历经翻修。东西16.27米，南北31.48米，占地约512平方米。中轴线上现存北房、过厅、大门。北房位于院北侧，面阔三间，进深两椽，单檐灰瓦硬山顶，三檩无廊式构架。屋内横梁较低，仿二层楼结构建筑，明间辟门，次间开上下窗。北房两侧原有建筑现已塌毁。院内东西两侧各有三间单檐灰瓦单坡硬山顶式厢房。过厅面阔三间，进深三椽，单檐灰瓦硬山顶，四檩前廊式构架，明间置槅扇门，次间开大方槅窗，现已改建。过厅南院内有东西厢房各两间，均为单檐单坡硬山顶。大门位于南部正中，面阔一间，进深两椽，单檐单坡建筑。檐下有四层花式斗拱装饰，极其华丽。内部木构件上施以彩绘，已漫漶不清；中部设木板门两扇，外砌八字墙。门前有青石石狮一对。2000年公布为县级文物保护单位。

大同知巷4号民居过厅

大同知巷4号民居前院内景

大同知巷4号民居后院西房

大同知巷4号民居后院北房

小同知巷7号民居

小同知巷7号民居位于西南街村小同知巷7号院，据北房脊檩题记记载，该建筑创建于清代乾隆六年（1741）。坐北朝南，四合院布局，东西14.22米，南北23.06米，占地约328平方米。由北房、南房、东西厢房、门楼组成。北房面阔三间，进深三椽，四檩前廊式构架，单檐悬山顶，前檐柱头及平身科饰有木雕花卉斗拱，门窗皆为后改装，平板枋有彩绘，已漫漶不清。东西厢房均面阔三

小同知巷7号民居门楼全景

小同知巷7号民居院内全景

小同知巷7号民居南房

间，单檐硬山顶。南房亦面阔三间，进深两椽，单檐悬山顶。小同知巷7号民居现已改造为当地特色餐馆。小同知巷7号民居为当地传统民居中的代表作，保存比较完整，是研究清代民居建筑的实物资料，具有较高的历史、艺术和科学价值。

西城巷1号民居

西城巷1号民居位于西南街村西城巷内。东西20米，南北25.6米，占地512平方米。创建年代不详，依现存建筑形制看应为清代遗构。坐北朝南，四合院布局。木雕斗拱式门楼。仰望高大的门楼，一层密密繁复的斗拱重叠而置，虽繁复却有序，像空中盛开的一簇簇鲜花，充满层次感，统一中包含循序变化之美。左右伸展外八字护墙。走进门楼大概十步，右侧为院子南门，左右两座石狮呈翘首回盼状。

西城巷1号民居门楼

整个四合院中轴线上建有南

房、北房，两侧为东西厢房。南房为廊房，面阔五间，进深四椽，单檐悬山顶。北房面阔三间，进深五椽，单檐悬山顶，顶部檐脊饰五只飞鸟，两端各一只凤，六檩前廊式结构。明间置槅扇窗四扇，次间置几何图案窗，廊下雀替雕牡丹及花卉，细腻精致，灵动秀丽。东西厢房结构一致，面阔三间，进深两椽，单檐悬山顶，门窗皆后期改建，明间及次间各有一扇开窗，窗格不

西城巷1号民居门楼顶部斗拱

西城巷1号民居西厢房

西城巷1号民居门楼石狮

西城巷1号民居南房

西城巷1号民居北房

西城巷1号民居北房脊

西城巷1号民居北房木雕

西城巷1号民居东厢房

存。西城巷1号民居遗存较为完整，其门楼斗拱与北房木雕做工精细，雕刻精美，是晋南民居的代表性建筑之一。2000年公布为县级文物保护单位。

吕召南宅院

吕召南宅院位于西南街村桥梓巷19号院内。东西10.3米，南北

吕召南宅院门楼

吕召南宅院北房

吕召南宅院东厢房

20.69米，占地约213平方米。创建年代不详，据北房脊檩题记记载，清乾隆四十年（1775）重修，原为一进院落布局，坐北朝南，现存北房、东西厢房及门楼各一座。北房面阔三间，进深两椽，单檐灰瓦悬山顶，三檩无廊式构架，檐部未见斗拱构件，明间辟门，南部置槅扇门四扇，北部开院门，门外搭廊式门亭，次间墙体已改建。东西厢房布局一致，均面阔三间，进深两椽，单檐灰瓦悬山顶。西南街吕召南宅院是研究晋南民居建筑的重要实物资料。

吕召南宅院西厢房

下西关清真寺

下西关清真寺位于西南街村下西关正街26号院内，据门楼脊檩题记记载，创建于清光绪二十四年（1898），原布局不详，现仅存门楼及南

下西关清真寺门楼外部

下西关清真寺门楼内部

下西关清真寺门楼顶部斗拱木雕

下西关清真寺南房

殿各一座、石碑一通。东西12.7米，南北7.4米，占地约94平方米。整个寺院坐北朝南，南殿位于大门西侧，坐南朝北，面阔三间，进深三椽，单檐灰瓦硬山顶，三檩无廊式构架，明间辟四扇槅扇门，次间设上下窗，平身科有装饰性斗拱。院内现存清光绪三年（1877）的《清真义学缘簿序》石碑一通。门楼位于南殿东侧，坐北朝南，正中设木质板门两扇，门楣上有石质匾额，镌有“清真寺大清光绪二十四年丹凤清立”等字样，门前有垂带式石砌台阶。

府西街墓葬（齐姜墓）

府西街墓葬位于西南街村团结四巷1号院东侧，占地约225平方米，传为齐姜之墓。齐姜为晋献公夫人，申生之母。地表现存圆形封土1座，底径约12米，残高约3米。北部有盗洞。乾隆二十三年（1758）的《新修曲沃县志》记载，晋献公夫人齐姜墓在西南街村。依形制看，这是一处汉代有封土堆的大型墓葬，未发掘。1985年公布为县级文物保护单位。

府西街墓葬全景

府西街墓葬近景

小南关墓群

小南关墓群位于西南街村小南关东南，东西200米，南北100米，分布面积20000平方米，是一处大型的汉、唐墓葬群。墓地内原为取土场，断崖上暴露有汉代砖室墓和唐代土洞墓各一座，未发掘。1987年公布为县级文物保护单位。

小南关墓群全貌

小南关墓群断崖暴露砖室墓

小南关墓群断崖暴露土洞墓

感应寺砖塔

感应寺砖塔一层斗拱

感应寺砖塔位于西南街村西南街中学门口南侧，俗称西寺塔，密檐式八角十二层，原为砖塔。据乾隆二十三年（1758）版《新修曲沃县志》载，该塔创建于金大定五年至十三年（1165—1173），元大德七年（1303）地震，塔身二层以上一劈为二，塔顶塌毁，塔体坠落四层。古塔历经800余载风雨侵蚀、战火纷扰，现仅残存七层屹立于古城一隅，堪称奇迹。感应寺砖塔坐北朝南，塔基深埋于地下，平面布局呈八边形，塔身砌素面砖，塔座为标准阁楼层，檐部施五铺作，砖雕斗拱。塔心一至七层空心，底层边长4.2米，内边长1.5米，塔身一层与七层四正面各辟砖券门，二层至七层为叠涩短檐，逐层收合。感应寺砖塔创建年代虽有县志明确记载，但塔体还没有发现题记与碑刻。从塔的造型方面看，一层塔壁高大，其檐有精美的砖雕斗拱。塔虽几经残损修缮，但仍有很高的文物价值。1985年公布为县级文物保护单位。

感应寺砖塔全貌

感应寺砖塔裂缝残痕

四牌楼

四牌楼又名望母楼，八柱九楼式木牌楼，占地706平方米。据清乾隆二十三年（1758）版《曲沃县志》记载，四牌楼始建于明万历四十三年（1615），乃邑人李济沆为思母而建。清道光四年（1824）、1981年曾部分

四牌楼柱础基座

维修，2002年整体落架维修。建筑平面呈方形，二层十字歇山顶。二层檐前后各出抱厦一间，山花向前，主楼四角各出戗柱一根，上建角楼。底座卧石三层、竖石八块，每块竖石雕鼓狮绣球撑角柱。整个牌楼为阁楼式与牌楼式相结合结构，造型奇特，牌楼上下枋、雀替、板件上均雕有精美的浅浮雕图案，有较高的艺术价值。2004年6月公布为省级重点文物保护单位。

四牌楼全貌

四牌楼屋顶结构

四牌楼挑檐

四牌楼正脊鸱吻

四牌楼戗脊及吻兽

四牌楼垂柱及斗拱

四牌楼抱鼓石

西南街村遗址

西南街村遗址位于西南街村西南约500米的浍河北岸台地上，地势较为平坦，东西300米，南北200米，分布面积60000平方米，文化层厚约1米。地表采集有东周的泥质灰陶绳纹罐和汉代的绳纹板瓦等残片。

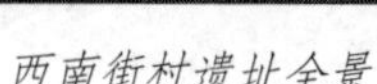

西南街村遗址全景

在西南街村遗址采集的标本

曲沃古城遗址

曲沃古城遗址位于西南街村西南，1956年发现，1960年、1980年发掘。遗址平面呈长方形，分为内外两城，城中南部被浍水冲毁。外城东西长3100米，南北残长2600米。东西墙外设城壕，宽约25米，深约3米。

曲沃古城遗址西北角全景

外城墙基宽9米，墙体夯筑，每层夯厚8—20厘米。仅在北部发现一处外城墙的残段，城墙宽约3米，残高3米，其余部分已塌毁。内城位于外城中部靠东，墙体夯筑，东西长约1100米，南北残长1000米，基宽约12米，残高1—3米。南部墙体被浍水冲毁。遗址内采集的遗物有战国的绳纹板瓦、筒瓦和汉代的刻有“头”字的灰砖残件。曲沃古城遗址于1986年公布为省级重点文物保护单位。

在曲沃古城遗址采集的标本

西南街村农业以粮棉为主，并有80亩金梨园区、120亩胎里红柿树园区、300亩苹果园区、100亩葡萄园区；工业以三星焦化为龙头，带动发展相关产业链；商业上建立了可容纳300个摊位、供500余人就业的晋沃商城。

蒙城村

蒙城，位于曲沃县城西北24公里，镇政府驻地北4公里处。地理坐标为北纬35°47′，东经110°27′。东隔大运路与新城村相望，南和文明、中立两村相邻，北跨蒙坑与襄汾县接壤，西瞰汾河。境内东南部较平坦，西北部多沟壑。系曲沃县西北的咽喉，大运公路沿村东而行，交通便利。

蒙城，因地理位置而得名。村居蒙坑之南的高阜，故称蒙城。明属汾东乡蒙城里，清属三乡蒙城里，均为里治地。民国初，属四区。民国二十六年（1937），属蒙城编村辖，并为蒙城编村治地。中华人民共和国成立后，仍属四区，为蒙城行政村辖。1956年，成立联兴高级农业合作社。1958年，归幸福人民公社（驻曲村）。1959年，改属高显人民公社，改称蒙城管理区。1961年，归属里村人民公社，改称蒙城大队。

1984年，改称蒙城村民委员会，属里村乡。2001年，改属里村镇。

蒙城是县内的大村。古时设镇，北门额匾镌有“蒙城雄镇”四字，有“九堡十八寨，新城还在外”之称。

蒙城村，地理位置重要，在历史上是著名的军事要塞，兵家必争之地。蒙城踞蒙坑之巅，东抱崇山，西控汾河。境内沟壑纵横，土崖如削，居高临下，地形险要。古来就是北达幽燕、南通秦蜀的交通要冲。《五代史》载：“蒙坑，晋绛之险也。”即指此处。《淮南子·地形训》：“何谓九塞？曰太汾、渑阨、荆阮、方城、郩阪、井陉、令疵、句注、居庸。”高诱注“太汾在晋”。旧志疑为此地。

北魏天兴五年（402），后秦王姚兴遣义阳公姚平率大军伐魏。魏道武帝拓跋珪率步骑3万，阻击秦军于蒙坑之南。秦兵黎明北行，猝遇魏军，行伍惊扰。魏毗陵王拓跋顺以精骑冲击，秦军溃败，获秦尚书左仆射狄伯支以下四品将军以上40余人。北周建德五年（576）十月，北周武帝命齐王宇文宪率兵六万还援晋州，宇文宪派轻骑一万先赴晋州，亲自率大军据守蒙坑为后援。北齐、北周在这一带大战。后梁开平三年（909）八月，晋周德威攻晋州，梁帝诏杨师厚往救，德威以骑据蒙坑，师厚击破之，进抵晋州，晋兵遁去。后周显德二年（955），刘旻攻晋州，周太祖遣王峻为行营都部署，军出绛州，前锋报过蒙坑，峻喜谓其属曰：“蒙坑，晋、绛之险也，旻不分兵扼之，使吾过此，可知其必败也。”刘旻闻周兵大至，即遁去。

蒙城驿站

明清时期，蒙城村曾为驿站驻地。明洪武八年（1375）前，曲沃与太平县（今襄汾县的一部分）、绛州（今新绛县）毗邻，曲沃虽无驿道驿站，但仍担负着省内和邻县驿站驿夫驿马的部分费用。到明洪武八年（1375），绛州乡宦都御史高铎，欲减轻绛州负担，以驿道过绛州要渡过汾河，易延误军政要事为由，上书朝廷，要求驿道改道从汾河东侧通过。朝廷批准，遂将太平县之相里驿、绛州的金台驿迁到侯马、蒙城。自设置蒙城、侯马两驿后，所需费用大部分由曲沃负担。清乾隆二十二年（1757），曲沃知县张坊奏准，将蒙城驿站迁往太平县。清嘉庆年间，又在蒙城设铺舍，传递公文、信件。

蒙城村南与中立村相对，东邻大运路，东南邻文明村，以下内容虽有部分是属于现在文明、中立村的，但由于文明、中立村均是从蒙城村分立为村的，因此暂将文明、中立村视为蒙城村来考察。

村巷

蒙城村村巷

张家宅院

张家宅院位于蒙城村西北张忠良院内。东西15.75米，南北14.16米，面积约223平方米。据照壁题记载，张家宅院于清道光二十二年（1842）创建，原为四合院布局，坐北朝南，现仅存西厢房、照壁、院门。西厢房面阔三间，进深两椽，单檐灰瓦悬山顶，三檩无廊式构架，前檐平身科饰木雕卷心菊斗拱。一层明间辟门，次间设方窗；二层设三方窗，条形纹。西厢房顶部脊檐为精致万字纹。院门位于东南角，坐北朝南，顶部塌毁，仅存墙体，外砌八字护墙。门内正对一砖雕照壁，壁顶为仿木结构檐部，下为须弥座台体，座中有瑞兽砖雕，壁心为砖刻行书。张家宅院是蒙城村明清民居建筑的代表之一。

张家宅院大门残存

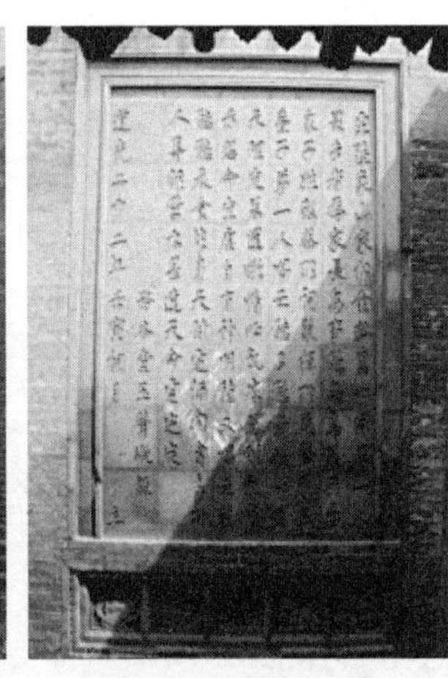

张家宅院照壁

张家宅院西房

张家宅院照壁底座砖雕

张家宅院西房明间斗拱

方家宅院

方家宅院位于蒙城村西北方德亮院内。东西21.59米，南北28.79米，占地约621.6平方米。据巷门匾额记载，方家宅院于清代光绪十三年（1887）创建，原为一进院落布局，坐北朝南，现仅存东西厢房、大门、巷门。东西厢房各面阔三间，进深两椽，单檐灰瓦硬山顶，三檩无廊式构架，明间辟门，次间设窗，二层设三方窗，网格已不见。前墙已改建，北墙原为村北城墙边界。大门位于东南角，坐西朝东，砖券拱门门楣上镌有“耕读”二字。东侧巷内有一巷门，坐北朝南，门楼为简单斗拱，顶部已大部分塌毁，中置大板门两扇，门楣上有光绪丁亥年的彩色镌字“谦受益”。院内东南角即大门处有一棵槐树，据村中人介绍，这棵树至少已有五百年的历史。整座院子被拆毁面积较大，现已不住人。

方家宅院巷门匾额

方家宅院大门门楣

方家宅院东厢房

方家宅院西厢房

方家宅院北墙

辛家宅院

辛家宅院位于蒙城村西北辛天才院内。东西16.57米，南北20.31米，占地约336.5平方米。创建年代不详，依现存建筑形制看应为清代遗构。原为四合院布局，坐北朝南，现仅存北房、东厢房。北房面阔三间，进深两椽，单檐灰瓦硬山顶，三檩无廊式构架，前檐柱头、平身科饰镂空木雕花卉、瑞兽斗拱。前墙已改建，仅存上窗，三扇槅扇窗的窗纹仅存中间一扇的灯笼锦纹。北房右侧设砖券小门，门额镌字“修己”。东厢房面阔三间，进深两椽，单檐灰瓦硬山顶。明间辟砖砌门，门楣砖雕镌“思三益”；次间设方窗，左右方窗上各自设一圆窗。东厢房整体平面和谐适中，几何图案分布合理，简约中讲究一定的规律。东厢房南山墙上有一砖雕影壁，下方砖雕四格不同纹饰，最下方为须弥座台体，独具风韵。南房仅存基础。

辛家宅院内景

辛家宅院北房

辛家宅院北房明间斗拱及柱头木雕

辛家宅院东厢房

牛家宅院拴马桩雕饰（十年前）

牛家宅院（现已不存）

牛家宅院位于蒙城村西北牛海群院内，东西17.6米，南北17.27米，占地约304平方米。创建年代不详，依建筑形制看应为清代遗构，原为四合院布局，坐北朝南。北房面阔三间，进深两椽，单檐灰瓦硬山顶，三檩无廊式构架，前檐仅明间平身科有一木雕花卉斗拱，前墙已改建。东厢房面阔三间，进深两椽，单檐灰瓦硬山顶，明间砖券拱门，次间设方窗，上设砖券圆形、六边形窗。南墙外有四个石质拴马桩，拴马桩下部为磨棱方石柱，上部雕刻有石桃及多面几何体，高约2.2米。

牛家宅院北房（十年前）

牛家宅院东厢房（十年前）

辛猷宅院（现已不存）

辛猷宅院位于蒙城村北辛海峰院内。东西9.6米，南北13.68米，占地约131平方米。据北楼脊檩题记记载，辛猷宅院于清嘉庆九年（1804）创建。北楼为砖砌三层小楼，坐北朝南，面阔三间，进深两

辛猷宅院门楼（十年前）

辛猷宅院北阁楼正立面（十年前）

辛猷宅院内景（十年前）

椽，单檐灰瓦硬山顶，底层明间砖券拱门，次间设方窗，二、三层南部设砖石砌筑的方、圆拱形窗。院门位于西北角，坐东朝西，二层砖砌而成，底层砖券拱门，门楣有砖雕匾额，镌“崇德”二字，二层表面砖雕一大“福”字。

辛猷宅院外景（十年前）

王家宅院和梁家宅院

王家宅院已基本拆毁，仅剩门楼一座，门楼匾额镌字已被人盗去，院内杂草丛生，废弃已久。

王家宅院内景

王家宅院门楼

梁家宅院门楼细部

梁家宅院门楼整体

梁家宅院门楼单檐灰瓦硬山顶，门楼匾额镌“无逸”二字，外八字护墙，两扇木质大门已改为铁门。梁家宅院大门端庄大气，外墙仍为原土坯结构，可惜院内已改建为现代建筑。

蒙城村西北角残存有一部分传统院落，大部分已被拆毁，留有不少残垣断壁。蒙城村西部沟壑纵横，地势险要，院落选址都在塬上平缓处。面对沟壑的通风口，立有蒙城徐家影壁。

蒙城书房院

蒙城书房院位于蒙城村原学校内。据东厢房脊檩题记记载，蒙城书房院创建于清嘉庆十四年（1809），原为私人书房院。中华人民共和国成立后，为振兴教育事业，在此设立村学校。东西24.38米，南北19.22米，占地约468.6平方米。院内现存建筑为并列两院布局，坐北朝南，两院之间的建筑已被拆除。

蒙城书房院东院北楼正面

东侧小院存北楼及东厢房，西院存北房、西厢房及院北部石影壁。东院砖砌二层北楼，面阔三间，底层为枕头窑，二层进深三椽，单檐灰瓦硬山顶，四檩前廊式构架。楼体东侧有砖砌楼梯，明间砖雕匾额镌“静轩”二

蒙城书房院东院东厢房正立面

蒙城书房院西院北房正立面

字，次间东镌“琴韵”二字，西镌“书香”。东厢房面阔三间，进深三椽，单檐灰瓦硬山顶，四檩前廊式构架。

西院北房面阔三间，进深三椽，单檐灰瓦硬山顶，明间砖雕匾额镌“式古”二字。西厢房为单坡单檐式灰瓦硬山顶式建筑，明间砖雕匾额镌“墨林”二字。

石影壁位于院北部，宽8.8米，坐南朝北，由砖石砌成，为牌坊式建筑。影壁上刻有诚敬堂主人告诫后人的言论，两侧刻有“孝悌”“忠信”等字，两侧门洞门楣镌“刑仁”“讲让”等字，足见主人对后代期望之高及中国古代传统家庭教育之严。

蒙城书房院西院西厢房正立面

蒙城书房院西院影壁

蒙城遗址

蒙城遗址位于蒙城村北的农田中。东西100米，南北60米，面积6000平方米，文化层厚约1米。第二次全国文物普查时采集有战国时的泥质灰陶绳纹罐和豆等残片。第三次全国文物普查未发现任何文化遗存。

蒙城遗址远景

蒙城遗址砖厂取土场残存

蒙城卜星台遗址

蒙城卜星台遗址位于蒙城村东南300米的砖厂内。方锥形夯筑台体，底边长约6米，残高约6米，夯层厚约0.2米。由于常年取土，台体面临倒塌危险，台体上部已有损毁现象。依现存形制看应为明代所建。

蒙城卜星台遗址台体夯土

蒙城卜星台遗址近景

蒙城堡遗址

蒙城堡遗址位于蒙城村内，平面呈长方形，东西210米，南北165米，分布面积34650平方米。除南部墙体不存外，其余三面仅存墙体残段，残长200余米。墙基宽4米，残高2—5米；墙体夯筑，夯层厚0.1—0.2米。从残存遗迹看应为明代所建。

蒙城堡遗址西北角全景

蒙城堡遗址南堡门残存

蒙城堡遗址夯层

蒙城南堡遗址

蒙城南堡址位于蒙城村西南80米的台地上，分布面积约3000平方米。依地势而建，平面略呈长方形，东西28米，南北110米，仅存北墙，残长约100米。墙基宽5米，残高7米；墙体夯筑，夯层0.1—0.15米，未见城门。从残存遗迹看应为明代所建。

蒙城南堡遗址北墙

蒙城南堡遗址墙体夯层

其他古迹

蒙城徐家影壁

蒙城徐家影壁远景

蒙城徐家影壁位于蒙城村西南徐忠民院内。东西2.83米，南北0.55米，占地约1.56平方米。创建年代不详，依现存建筑形制看应为清代遗构。坐南朝北，将军祠筑于影壁背面的中部，向外凸出，上部有仿木结构的檐部，砖雕为万字纹，下设拱形祠龛，龛上砖雕镌“将军祠”三字。将军祠背面照壁上有一砖雕大“福”字，两角雕祥花纹饰。

蒙城徐家影壁近景

蒙城徐家影壁北面近景

蒙城徐家影壁檐部砖雕

蒙城官亭（现已不存）

蒙城官亭雍正十一年（1733）修亭碑记（十年前）

蒙城官亭位于蒙城村西北角。东西3.3米，南北4.3米，占地14.19平方米。据碑刻记载，蒙城官亭于清康熙二十年（1681）创建，雍正十一年（1733）重修。砖砌二层亭式建筑，坐南朝北，顶层已塌毁，仅存底层，下有南北向道路通过。亭内东西墙上各嵌有康熙二十年（1681）《蒙城古西村创建官亭碑记》、雍正十一年

蒙城官亭正立面（十年前）

蒙城官亭背立面（十年前）

（1733）《创建北门碑记》石碑两通。

蒙城教育事业源远流长，明代设有社学，清代设有义学。乾隆十年（1745），蒙城镇的义学学址在村三官庙内，有房屋三间。乾隆二十年（1755），知县张坊在蒙城创办桥山书院。

蒙城，历来以农为主，主产小麦。改革开放后，调整产业结构，以运输为主导，辅之以种植业和劳务输出，使村内经济向多元化方向发展。全村从事运输业的有260余户。种植业利用文敬扬水工程，由原来仅种夏收作物，改夏粮、秋粮一起抓，小麦、玉米双丰收。村里人有的当矿工，有的在大运路两侧经营起了餐饮、维修加工、五交化用品等门店。

北白集村

北白集村，位于曲沃县城西北10公里处。地理坐标为北纬35° 43′，东经111° 26′。北傍滏河，南与靳家村、段家村、常家村相连，东与林节村毗连，西与高显村为邻。境内地势平坦，唯滏河南岸一带多沟壑。

相传战国时期秦国大将白起曾在此地集结军队，故名白集。旧时当地有东、西、南、北四个白集村，后南白集分为常家村和段家村，东白集改称为靳家村，西白集和北白集一直沿用至今。

北白集村，明属虒祁乡南白里。清属三乡荀王里。民国初，属四区。民国二十六年（1937），仍为四区，属常家编村。中华人民共和国成立后，为行政村。1956年，为勇进高级农业合作社。1958年，属幸福公社。1959年，属高显公社，改为管理区。1961年，改称大队。1984年，改为村委会，属高显镇。

赵家宅院

赵家宅院位于北白集村西赵海平院内。东西11.07米，南北6.5米，占地约72平方米。创建年代不详，依现存建筑形制看应为清代遗构。原布局不详，仅存北房一座，坐北朝南，砖石砌筑台基高0.6米，面阔三间，进深两椽，单檐灰瓦悬山顶，三檩无廊式构架，前檐柱头、平身

赵家宅院北房正立面

赵家宅院北房明间斗拱木雕

赵家宅院北房脊饰

赵家宅院北房柱础

科饰镂空木雕花卉、“寿”字斗拱。明间置槅扇门四扇，门首为灯笼锦方格纹，次间设方窗，二层有木质上窗，明次间各对应八扇网格纹小槅扇窗。北房素面柱础。北白集赵家宅院北房保存相对完整，其破损处较少，房顶及房檐保存规整，从北房形制依稀可看出完整院落的精致与端庄大气。赵家宅院北房是研究晋南民居建筑的重要实物资料。

王家宅院

王家宅院位于北白集村西部王力群院内。东西11.6米，南北7.5米，占地87平方米。创建年代不详，据现存建筑形制看应为清代建筑。原布局不详，仅存北房一栋，坐北朝南，面阔三间，进深两椽，单檐灰瓦悬山顶，三檩无廊式构架，

王家宅院近景

王家宅院北房侧立面

前檐柱头、平身科饰木雕花卉斗拱，明间已改建，次间设方窗，二层亦各有一扇方窗。

常茂功宅院

常茂功宅院位于北白集村西部常瑞月院内。东西5.6米，南北10.6米，占地约59.4平方米。据西房脊檩题记记载，常茂功宅院于清光绪十三年（1887）创建。原布局不详，坐北朝南，现仅存西房一座。西房坐西朝东，面阔三间，进深两椽，三檩无廊式构架，单檐灰瓦硬山顶。明间置木质槅扇门四扇，细密灯笼锦纹样，二层有六扇直棂木窗；次间设木质方窗，分主窗格和次窗格，主窗格为环形纹，二层有四扇木质直棂窗。素面柱础。整体门窗几何图形变化多样，分布有致，繁复却不失统一，令人眼前一亮。北白集常茂功宅院是研究晋南晚清民居建筑的重要实物资料。

常茂功宅院西房正立面

常茂功宅院西房侧立面

常茂功宅院西房内景

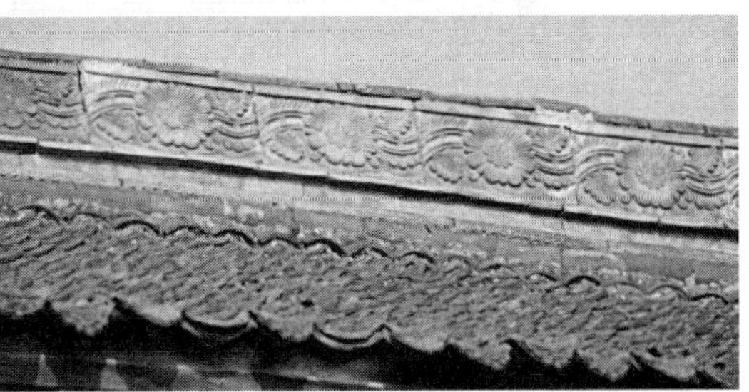

常茂功宅院西房脊饰

其他遗存

常家照壁

常家照壁位于北白集村常新民院内，创建年代不详，现存建筑为清代遗构。东西3米，南北0.5米，占地1.5平方米。坐北朝南，上部有仿木结构的檐部、层次鲜明的斗拱，壁心雕刻有福禄寿、松竹梅等吉祥图案，雕工技术娴熟，线条流畅，匀称自然，这些细节的设计充分表现出宅院主人期盼健康长寿、富贵吉祥的心愿。下有须弥座，座内雕有五幅瑞兽图。砖雕动物形态夸张拙朴，憨态可掬，它们形成主次有序、对称均衡、和谐统一的精彩整体，是常家照壁的点睛之笔。

常家照壁上的小鹿

常家照壁上的砖雕狮子

北白集风水塔遗址

北白集风水塔遗址位于北白集村西600米的农田中，为夯筑方锥形

北白集风水塔遗址西立面

北白集风水塔遗址塔尖夯层

塔体。塔体平面呈方形，底边长3米，占地9平方米，顶部残存边长1米，残高约6米，夯层厚0.07—0.12米。从残存遗迹看应为清代遗构。

北白集堡遗址

北白集堡遗址位于北白集村西北30米处，分布面积约19600平方米。遗址平面近方形，边长140米，除西墙和北墙残段外，其余墙体不存，残长约200米。堡墙基宽5米，残高8米；墙体夯层0.1—0.15米。

北白集村2010年有361户1230人，设立4个村民小组，耕地面积4290亩，农民人均纯收入5276元。

北白集堡遗址西墙夯土层

北白集堡遗址西墙南段

西海村

西海村，位于曲沃县城东北15公里处，绵岭北麓。地理坐标为北纬35°34′，东经111°35′。东望东海村，北瞰滏水，南靠绵岭，西邻羊舌。地势南高北低，南部多沟壑。

西海村，因地理位置而得名。该村古属翼城，宋嘉祐四年（1059），因争水事划归曲沃，后因其村位于星海温泉之西，与东海村隔海相望，更名为西海，自后村名无更改。

明时，属汾隰乡东县册里。崇祯十五年（1642），属东王里。清沿明制。光绪六年（1880），属二乡。民国七年（1918），属五区。民国二十六年（1937），属周庄编村。中华人民共和国成立后，为西海行政村。1956年，常家圪垯并入，属温海高级农业合作社。1958年，属飞跃公社。1959年，属史村公社东海管理区。1961年，设西海大队，属吉许公社（后改为西常乡）。1984年，改称西海村委会，属西常乡。2001年，并入史村镇。

该村现有星海温泉、龙王庙等名胜，俱在村东。磨盘岭农业观光旅游区、晋国民居民俗区在村西磨盘圪垯孤岭上。重建于清道光年间的龙王庙大殿，为县级文物保护单位。解放战争时，陈赓将军曾予以保护，现存有解放战争时期陈赓将军的旧居。

龙王庙

龙王庙近景

西海龙王庙位于西海村东60米的莲池旁，依水而建。东西46.2米，南北77.2米，占地约3566.6平方米。该庙始建于元代初年，屡毁屡建，据曲沃县文物局的资料记载，现存建筑为清道光八年（1828）重建。建筑整体坐北朝南，一进院落布局，中轴线上现存建筑自北向南有大殿、献殿、八角池，两侧为东西耳殿及道院。大殿面阔三间，进深六椽，东、西、北三面插廊，重檐灰瓦歇山顶，七檩前后廊式构架，檐部柱头斗拱五踩双昂。献殿面阔三间，进深四椽，单檐灰瓦悬山顶，五檩无廊式构架，柱头斗拱三踩单昂。原西道院为三清殿，坐北朝南，面阔三间，进深三椽，单檐灰瓦硬山顶，四檩前廊式构架，前檐柱头饰异形斗拱。大殿及三清殿的墙上原有壁画，大部分已脱落。三清殿北墙上原有元始天尊、道德天尊、灵宝天尊三尊泥塑，现已塌毁。大殿、献殿、三清殿为清代建筑，主体结构保存较好，时代特征明显。大殿内有龙王神像一座，两旁有青白龙塑像缠绕于柱上，大殿东西两侧塑有雷、电、火、雨、云神像。1985年被列为县级文物保护单位。

此外西海龙王庙还留存着许多碑刻，在曲沃县其他地方也发现了和西海龙王庙相关的碑刻，这些碑刻记载了该庙的变迁。

龙王庙大殿侧面

龙王庙献殿正立面

龙王庙大殿西北角挑檐

龙王庙献殿柱础

童儿庙

西海童儿庙自古即乡民求子祈福之地。相传重耳幼时，经常轻装简从教当地百姓聚水养鱼，植桑养蚕，缫丝织锦，适时耕作，广务稼穑。后来当地瘟疫流行，无药可治，重耳四处求医，获得一味良药，百姓服下去后，药到病除。四乡八村的百姓共同商议，请了有名的工匠，按照重耳的形象塑造了金身，建了一座庙宇，取名为“重耳庙”，多年来口音异化，逐渐演变成了“童儿庙”。慢慢这里成为人们前来祈福、求子、祈求平安之地，前来拜谒的善男信女络绎不绝，每天香火不断。

童儿庙

童儿庙创建年代不详，现存建筑遗迹为清代遗存。据曲沃县文物局资料记载，童儿庙主体建筑为三孔窑洞，窑洞之间相互贯通。窑洞前有插廊，插廊下有一眼古井，人们称之为神井，传说喝了井里的水百病不生。窑洞前较宽敞，窑洞外立面用青砖砌筑，前立面顶上砌花墙作装饰，两侧向外出八字墙，墙上砌防火墙，整体气势宏伟。

2010年11月14日，依据《曲沃县古建筑认领保护办法》，当地村民认领了西海童儿庙，先后投资50万元，对童儿庙进行维修。重修送子菩萨、财神、药王神殿；重修前檐廊、钟亭；整修绿化庙院环境。庙貌焕然一新，游人香客如织。童儿庙的认领保护和维修，使文物建筑得到妥善保护，宗教文化得以传承和发扬，亦为磨盘岭风景区旅游开发增添了亮点。

陈赓故居

陈赓故居位于曲沃县史村镇西海村西的断崖上，占地20平方米。1947年春，陈赓任晋冀鲁豫军区第四纵队司令员，在这里指挥了曲沃城攻坚战斗。4月15日，战斗胜利结束，曲沃宣告解放。故居旧址坐北朝南，现存砖砌门面土窑洞一座，以及将军当年用过的桌子一张、靠背椅子一把。

陈赓故居外景

陈赓故居窑洞门

星海温泉

星海温泉又称海头温泉。据史料记载，星海温泉在唐代就已经形成，宋、元、明代均有碑记提及。温泉地处山前洪积扇上，由东海、西海、南海、八角海、七星海共五海十一泉组成。星海温泉俗称“七星海”，相传在温泉里有一处水塘，水塘里有七孔泉眼，不停地喷吐着晶莹的水花。温泉映衬着周围的垂柳、红莲，景色宜人。星海温泉是曲沃有名的十景之一。

磨盘岭

西海村西有一巨大的土堆，犹如叠起来的几块磨盘，俗称“磨盘圪垯”，与其所处的岭地连在一起而得名“磨盘岭”。据考证，这里是晋国时期的一个祭祀台，每逢重大节日或关乎社稷大事，国君都会前来祈福。站在磨盘圪垯上，人们可以环眺岭下优美风光，有些学子还会在此表达一些求学的心愿。

晋国民居民俗区

晋国民居民俗区共有6栋晋国风格的民居。民居外部设计突出春秋晋国建筑风格，内部设计着力于展示性和实用性，展现曲沃糕点坊、油坊、豆腐坊、铁匠铺等传统作坊的相关制作工艺，同时销售具有地方特色的旅游纪念品。目前，晋国民居民俗区内晋国风格的6栋民居、30间商铺，以及贯穿景区的石板路、长城墙等基础设施，已全部竣工迎客。

西海村历来以农为主，主产粮棉，尤以龙王庙的白莲闻名全县。进入21世纪后，随着产业结构的调整，全村分为6个园区，即泉头罗非鱼养殖园、泉旁白莲园、河槽大棚、岭上甜柿园、环崖蘑菇洞、孤岭野生园。其中罗非鱼养殖水面面积30亩，莲菜30亩，大棚70栋，甜柿4万株，蘑菇洞20孔，土鸡场3个。该村是山西省新农村建设试点村之一。

晋国民居民俗区图片（A）

晋国民居民俗区图片（B）

晋国民居民俗区图片（C）

晋国民居民俗区图片（D）

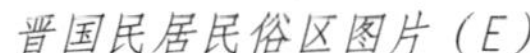
晋国民居民俗区图片（E）

晋国民居民俗区图片（F）

晋国民居民俗区图片（G）

史村

史村，位于曲沃县城东12公里的绵岭腹地。地理坐标为北纬35° 40′ ，东经111° 33′ 。东邻张范，西挟听城，南望辛村，北瞰东常、周庄等地。境内地势平坦，西北略高。晋韩公路、侯月铁路横贯村南，侯阳高速和乡村史（村）西（海）路横穿村北，县级路郭义线纵贯村西，交通十分便利。

史村，因史姓最早居于该地，故名。该村，明属汾隰乡史村里。崇祯十五年（1642），属西史里。清沿明制。光绪六年（1880），属二乡。民国七年（1918），属二区；民国二十六年（1937），属史村编村。中华人民共和国成立后，为史村行政村。1956年，建稳步高级农业合作社。1958年，属飞跃公社。1959年，属史村公社，改称史村管理区。1961年，设史村大队。1984年，改称史村村委会，属史村镇辖。

史文杰宅院

史文杰宅院西厢房正立面

史文杰宅院西厢房梁架

史文杰宅院位于史村东北史跃进院内。东西15.6米，南北10米，占地156平方米。据西厢房脊檩题记记载，史文杰宅院于清嘉庆年间创建。原布局不详，现仅存西厢房一栋、砖雕影壁一座。西厢房面阔三间，进深两椽，单檐灰瓦悬山顶，三檩无廊式构架，明间置砖砌小门，次间设方窗。影壁位于院落东南角，坐北朝南，砖雕而成，高3.5米，宽1.7米，厚约0.5米。壁心上有日、月二图；中部为送福斩妖神人，以麒麟为坐骑，右手持剑，左手拿如意；下为山神，其左右为砖雕对联“至乐无声唯孝弟，太羹有味在诗书”。影壁下有花草砖雕。

史村村公所旧址

史村村公所旧址位于史村姜玉英院内。东西9.4米，南北26.7米，占地约251平方米。据村内居民介绍，村公所创建于民国时期，中华人民共和国成立后，被史村人民公社信用社占用，信用社迁走后，归史村大队所有，后又卖给姜玉英家。原布局不详，坐北朝南，由于街道改造，其西部有部分建筑被拆毁，现仅存北房一栋、院门一座。北房面阔三间，进深两椽，单檐灰瓦悬山顶。院门坐北朝南，砖砌前墙，后搭单坡瓦房。面阔三间，砖砌大门位于中部，门楣上匾额镌“村公所”三字。墙体顶部有砖砌花墙，中部有一钟表形砖雕。门外仅存东侧砖砌影壁。

史村村公所外景

史村村公所大门门额装饰

史村村公所院内北房

史村遗址

史村遗址位于史村北约10米的农田中。地势北高南低，东西100米，南北100米，分布面积1万平方米，文化层厚约1.7米。第二次全国文物普查时，采集有汉代泥质灰陶卷沿盆、罐和瓮等残片。第三次全国文物普查时，采集有泥质灰陶罐和绳纹板瓦残片。

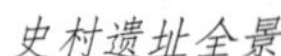
史村遗址全景

在史村遗址采集的标本

史村堡遗址

史村堡遗址位于史村东北30米的高地上。四周环沟，地势东高西低，平面略呈方形，边长约100米，分布面积约1万平方米。除东、西墙体仅存残段外，其余墙体保存较好。堡墙基宽4米，残高8米。墙体夯筑，夯层0.1—0.12米。从残存遗迹看，这是一处明代建筑遗存。

2010年，史村有480户2079人，设7个居民组，耕地面积5850亩，农民人均纯收入6739元。

史村堡遗址外貌

史村堡遗址堡墙东北角

上陈村

上陈村，位于曲沃县城东北19公里处。地理位置为北纬35° 46′，东经 111° 33′。东西傍沟，南与下陈村、东与小巨村、西北与问卦村相邻。地势北高南低，沟壑多。

上陈村，因史得名。相传秦将白起伐赵时曾在此布阵，古时“陈”与“阵”两字通用，故名“陈村”。后分成两个村，该村在上，习惯称“上陈”。

上陈村，明属汾隰乡方城里，称“陈村”。明末属赵城里。清沿明制。光绪六年（1880），属二乡。民国初期，属五区，称“上陈村”。民国二十六年（1937），为上陈编村。1949年，为陈村行政村。1956年，归红星高级农业合作社。1958年，属幸福公社。1959年，属曲村公社北赵管理区。1961年，改为大队。1984年，改称上陈村村委会，属曲村镇。

赵玫宅院

赵玫宅院位于上陈村赵宝三院内。东西9.05米，南北18.13米，占地约164.08平方米。据西厢房脊檩题记记载，赵玫宅院创建于清嘉庆三年（1798）。原布局不详，现仅存西厢房一栋，坐西朝东，面阔三间，进深三椽，单檐灰瓦硬山顶，四檩前廊式构架，前檐柱头及平身科饰有木雕花卉斗拱，斗上出耍头，阑额及雀替亦饰有木雕花卉。相比于晋南其他宅院，赵玫宅院的西厢房雕花更为细致灵活。额枋梁架基本保存完好，雀替花饰繁复却不错乱，与斗拱雕花的结合使得整个檐下立体生动。明间置板门四扇，门首为典型灯笼锦，二层方槅窗已不见；次间设方窗，两侧方窗又分左右小次窗，饰精致灯笼锦，主窗为条状纹护窗。左右方窗二层，设四扇网格纹长窗。整体墙面与窗的结合，遵循着形式美的规律，在细节处注重变化，两端完美对称，比例和谐，实属民居中精致讲究的范例。

南山墙外有一砖雕仿木结构建筑的影壁。左右挑檐处各雕有一禽鸟，呈向外展翅状，形态夸张生动。檐脊刻有数种花卉，刀工娴熟细腻。檐下为拱眼壁。影壁结构典型，五攒斗拱呈中轴对称，中间一攒为飞鸟图案，左右为对称的雕花图案，最边上两处的菊花雕刻得更为立体，花瓣饱满，层层相叠，对称展开。额枋下与壁心中间还有一层极为精美的浮雕："富贵牡丹"，花团锦簇，线条流畅，回环曲折，雕工细腻圆润，一气呵成，极富层次感和立体感。壁心为砖雕行书，内容为"言行拟之古人则德进，功名付之天命则心闲……忍不足于前，留有余于后，斯可以养福"，以此诫勉后人修身养性。其西侧仅存一砖砌拱形角门，门楣砖雕镌"无忧"二字。下为须弥座式台体，中轴对称雕花，

赵玫宅院西房正立面

赵玫宅院影壁顶部砖饰

赵玫宅院西房次间窗户

赵玫宅院影壁

祥云卷纹，线条流畅，明丽灵动。整个砖雕影壁实为明清砖雕影壁中的精品，无论从总体造型，抑或局部细节，都体现了精湛的雕刻技艺和高雅的审美旨趣。

上陈风水塔

上陈风水塔位于上陈村西北约300米的田地中。东西1.4米，南北1.2米，占地约1.7平方米。创建年代不详，依形制看应为清代建筑。该塔为四层砖砌塔体，塔基平面呈六边形，底边长0.7米，高5.5米，每层有叠涩出檐，由下向上渐收，塔顶原有塔刹。

上陈风水塔近景

上陈风水塔顶部

上陈遗址

上陈遗址位于上陈村东南300米的农田中。东西300米，南北500米，分布面积15万平方米，文化层厚1.5—2米。遗址中部断崖上暴露有灰坑1个、白灰面房址

上陈遗址全景

1座及文化层堆积等遗迹。灰坑内采集有陶寺文化的夹砂灰陶绳纹袋足鬲、罐、泥质灰陶杯等残片。上陈遗址是一处文化内涵与遗存较为丰富的新石器时代遗址。

上陈遗址暴露的陶片

在上陈遗址采集的标本

上陈墓群

上陈墓群位于上陈村东南300米的农田中，东西200米，南北200米，分布面积4万平方米，墓地内盗洞遍布，盗洞外的遗物有宋、元时期的墓砖、残瓷片等。从盗洞外的遗物判断，该墓地是一处宋元时期的大型墓地，墓葬数目不详，有待进一步探明。

上陈墓群盗洞口出土物

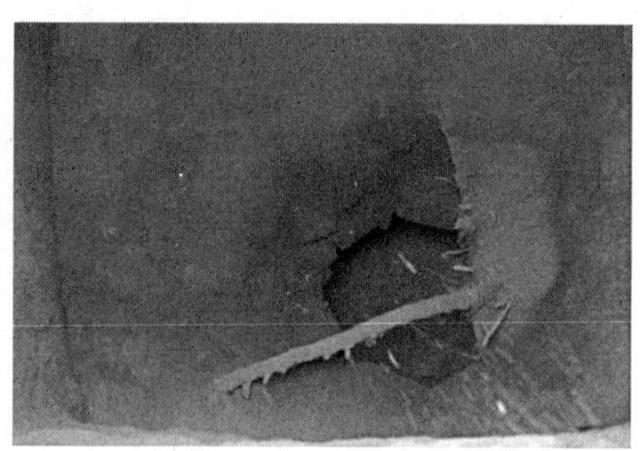

上陈墓群盗洞

上陈石狮

上陈石狮位于曲村镇上陈村赵其方北墙外。创凿年代不详，占地不足1平方米，坐南朝北，嵌于墙体内。石狮为青石质，采用圆雕和透雕的手法雕成，高1.3米，宽0.45米，厚0.6米。下为须弥座台体，石狮后腿卧于台上，前腿直立，颈系铃铛，目视前方，怒张大口，做凶恶状。石狮上部有一“泰山石敢当”石雕，正对北边巷道，似为镇巷用。

上陈村主产小麦、玉米、棉花。村民收入以农业和劳务输出为主。上陈村过去十年九旱，交通不便。20世纪90年代，先是修通了进村的油路，后又掘深井，解决了人畜吃水问题，并使50%农田实现了灌溉。

下陈村

下陈村，位于曲沃县城东北18公里处。地理坐标为北纬35°45′，东经111°33′。地势北高南低。北与上陈隔沟相望，南邻方城，西与白家相接。

该村与上陈隔沟相望，位居于下，故名下陈。

下陈村，明属汾隰乡赵城里，称陈村。清沿明制。光绪六年（1880）后，属二乡，无上、下陈之分，统称“陈村”。民国时，属五区，始称“下陈村”。1949年，为陈村行政村。1956年，归红星高级农业合作社。1958年，属幸福公社。1959年，属曲村公社北赵管理区。1961年，改为大队。1984年，改称下陈村村委会，属曲村镇。

民国二十九—三十一年（1940—1942），中共曲沃地下县委在下陈驻扎，负责人席炳午、李顺天，主要贯彻“组织群众、发展党员、建立区委、充实力量”十六字方针。民国三十年（1941）秋，晋豫区党委所属条东地委第一次全会在此召开。从此，下陈成为曲沃抗日战争的指挥中心，成为中共地下组织发展壮大的红色堡垒。

张家宅院

张家宅院位于下陈村张管文院内。东西10.22米，南北16.28米，占地约166.38平方米。据北房脊檩题记记载，张家宅院于清道光七年

张家宅院外景

张家宅院北房正立面

（1827）创建，原为四合院布局，坐北朝南，现仅存北房、西厢房和南亭基址。

北房面阔三间，进深三椽，单檐灰瓦硬山顶，四檩前廊式构架，两侧各有角房一间，形成明三暗五布局，前檐柱头饰木雕花卉、瑞兽斗拱。明间置板门两扇，门首设精致灯笼锦槅窗三扇，使明间显得平面更高，采光效果更好，第二层对应三扇小槅扇门，比例大概是一层门的二分之一。次间设方

张家宅院北房明间槅窗

张家宅院北房次间槅窗

张家宅院北房柱础

张家宅院西厢房正立面

窗，方窗设三扇小方格窗首，中心菱形灯笼锦，第二层三扇回字菱形纹槅窗。门和窗的几何图案在同一轴线上自由变换，交叉呼应，整体平面既不烦琐也不单调，恰好的比例，和谐的布局，遵循着形式美的规律。梁下柱础为圆鼓加须弥座，圆鼓边缘雕有铆钉，下为莲花瓣，方形须弥座与房檐斗拱梁柱协调而存。

房前东西各有砖券拱门，门楣上镌“本立”“道生”。

西厢房面阔三间，进深两椽，单檐灰瓦硬山顶，明间砖券拱门，门楣上镌“若虚”，上部有砖砌网格纹扇形窗；次间设方窗、六边形窗，窗纹已不存。南厅顶已塌毁，仅存东、西、南三面墙体。

黄帝庙

黄帝庙正殿、献殿远景

下陈黄帝庙位于下陈村东北的田地中。东西19.02米，南北61.45米，占地约1168.78平方米。创建年代不详。据殿内碑刻和正殿脊檩题记记载，下陈黄帝庙于

黄帝庙正殿梁架

黄帝庙正殿柱头木雕

黄帝庙献殿梁架

清康熙四十七年（1708）、乾隆三年（1738）、道光三年（1823）重修。

黄帝庙坐北朝南，二进院落布局，现存有正殿、献殿、戏台等建筑，四周围墙已不存。

正殿硬山顶，板瓦灰脊，垂脊部位用灰筒瓦，屋顶装饰及正脊两边鸱尾皆已毁坏。面阔五楹，进深两椽，广18.34米，深5米，用平梁、托脚，基高0.55米。中间三间与两稍间之间用砖墙隔开。南面明间、稍间无墙，次间砌砖墙，上部开有月亮窗。前檐圆木柱，大额枋，柱子及柱础砌于墙内。梁头伸出，垂直截去。每间各施斗口跳平身科斗拱一攒。脊枋题记为“时大清道光三年岁次癸未七月二十六日吉时重修大殿竖柱上梁祈保阖庄吉祥如意谨志”。明间和次间组成黄帝庙大殿主体，后墙上部有一砖砌神龛，东西山墙上各嵌有碑碣四块，前檐柱头及平身科饰木雕花卉斗拱，木构件上通施彩绘，已漫漶不清。

献殿卷棚硬山顶，上覆灰筒瓦。面阔三楹，进深三椽，广12米，深5.2米，前后无墙、透空。前后檐柱皆为圆木柱，鼓磴础，柱头上承接大额枋，雀替及平柱柱础多已被盗。斗拱共七攒，其中柱头科四攒，平身科各一攒，斗拱皆为出一跳三踩单翘。

黄帝庙戏台

戏台坐南朝北，砖砌台基高1.67米，面阔三间，进深三椽，四檩前廊式构架，单檐灰瓦硬山顶，前檐柱头及平身科饰花卉斗拱，木构件通施彩绘，已漫漶不清。1987年公布为县级文物保护单位。

下陈遗址

下陈遗址位于下陈村东南约60米的滏河北岸台地上。地势北高南低，东西200米，南北200米，分布面积4万平方米，文化层厚1—1.5米，遗址区地面可见陶片等遗迹。地表采集有汉代的泥质灰陶罐和绳纹板瓦残片，未发现陶寺文化遗存。

下陈遗址全景

在下陈遗址采集的标本

中共曲沃地下县委下陈旧址

中共曲沃地下县委下陈旧址位于下陈村贾亮院内，东西12米，南北17米，占地204平方米。1940—1942年中共曲沃地下县委办公地点设在下

中共曲沃地下县委下陈旧址外景

中共曲沃地下县委下陈旧址残存窑洞

陈村，县委书记席炳午与其妻子任淑贤曾在院内西房居住，进行革命活动。院内原有北窑和西房，现仅存北窑两孔。在旧址上新建西房三间，作为爱国主义教育基地的活动场所。

中共曲沃县下陈村党支部旧址

1938年2月，曲沃县在曲村镇下陈村秦园枢院西房内成立中共曲沃县下陈村党支部，党员有赵丕显、贾亮、赵协盛等。1940年，南山武装会议在此召开，参加会议的有席炳午、王谷民等。旧址为清代建筑，坐西朝东，占地约120平方米，房屋七间，硬山顶砖木结构。

中共地下党活动旧址

1939—1942年，中共曲沃地下组织负责人席炳午、翟德隆在村内开展工作，进行抗日宣传教育活动。旧址为清代建筑，坐北朝南，占地约81平方米。北房面阔五间，进深两间，硬山顶砖木结构。

抗日小学旧址

1939年冬至1942年5月，中共曲沃地下组织负责人席炳午、翟德隆创办小学，以教学为掩护开展抗日工作。旧址坐北朝南，占地约81平方米，房屋3间。现部分新建，属于下陈小学。

席荆山旧居

席荆山，曾任中共山西省委联络员。1941年，席荆山化装成货郎，在下陈村居住了约半年。席荆山走街串巷，组织抗日革命力量，发动群众进行革命活动。旧址坐北朝南，占地约40平方米，房屋三间，硬山顶木结构。

任淑贤墓

任淑贤墓位于曲村镇下陈村西南800米的村级公路北侧，占地25平方米。任淑贤，抗战初期开创并领导曲沃妇女牺牲救国同盟会的杰出领导人，为曲沃抗战作出了杰出贡献。根据遗愿，其去世后葬于下陈村，2009年，曲沃县妇联在其墓四周砌砖墙立碑，以示纪念。

白冢村

白冢村位于曲沃县城东北18公里处。地理坐标为北纬35°45′，东经111°33′。地势平坦。北与杨谈村接壤，西与东容裕村、东与下陈村、南与曲村相邻。

白冢村，因史得名。相传，战国时秦将白起葬于此，故得名。现村北有白起将军墓遗迹。

白冢，明属汾隰乡方城里，分称东白冢和西白冢。明崇祯年间，属赵城里，村名仍分称。光绪六年（1880），属二乡。民国初，属五区。民国二十六年（1937），属曲村编村。1949年，改为行政村。1956年，属富裕高级农业合作社。1958年，属幸福公社。1959年，属曲村公社，为白冢管理区。1961年，为大队。1984年，改称白冢村委会，属曲村镇。

傅家宅院

傅家宅院位于白冢村中部，东西24.07米，南北16.89米，占地约

傅家宅院远景

傅家宅院西厢房及角楼残存

406.54平方米。据西厢房脊檩题记记载，傅家宅院创建于清乾隆五十七年（1792），原为一进院落布局，坐北朝南，现仅存西厢房及北房基址、角楼基址。

西厢房为二层砖木结构楼阁式建筑，面阔三间，进深两椽，单檐灰瓦悬山顶，前檐设插廊，柱头仅施大斗。一层明间砖砌小门，门楣上镌“启昌”二字，次间设方窗，二层阁楼设直棂纹花式栏杆，与一层廊柱之间雀替及二层廊柱间开花斗拱，形成一个完整的平面，整体和谐有致，将房屋与外界隔绝开来，避免了主人居室直接外露，又体现了房屋主人尊贵的身份和地位。栏板为简单交叉长方形小格板，云拱精巧大方，平板枋上为精美花卉木雕。二层明间设砖砌小门，次间设条形纹方窗，与一层明、次间相呼应。廊柱柱础为圆鼓加须弥座，雕工精致圆滑。北侧小拱形门上镌“行恕”二字。傅家宅院2000年公布为县级文物保护单位。

傅家宅院西厢房柱头斗拱

傅家宅院西厢房柱础

黄帝庙

白冢黄帝庙位于曲村镇白冢村中部。东西11.6米，南北10.4米，占地约120.6平方米。创建年代不详，据大殿脊檩题记和碑刻记载，白冢黄帝庙于明景泰六年（1455）、万历三十六年（1608）、清道光元年（1821）重修。现仅存大殿一座，坐北朝南，面阔三间，进深四

黄帝庙大殿外景

黄帝庙大殿梁架

椽，单檐灰瓦悬山顶，五檩前廊式构架，柱头斗拱五踩双昂。前檐拱眼绘水墨人物画，横梁上施以彩绘，已漫漶不清。殿内北壁上嵌有明万历三十六年（1608）、清道光元年（1821）重修黄帝庙捐银碣两块。屋顶脊饰保存较好，雕花极富层次感。1987年公布为县级文物保护单位。

黄帝庙大殿斗拱

黄帝庙大殿脊饰

西白冢风水塔

西白冢风水塔位于白冢村西、白冢自然村北60米的村级公路东侧，为方锥形夯筑台体。创建年代不详，依形制看应为清代遗构。塔体为砖砌二层，平面呈方形，塔体内为夯土。底边长4.3米，残高约6米，占地约18.5平方米。塔体夯筑表面用砖砌筑，塔顶有砖砌台体（塔刹），已濒临倒塌，其上有覆钵式刹顶。

西白冢风水塔远景

西白冢风水塔顶部

西白冢风水塔近景

碑楼

白冢村碑楼位于白冢村南100米的村级公路东侧，东西2.63米，南北7.51米，占地约19.75平方米。据碑刻题记记载，碑楼建于清道光九年（1829），坐东朝西，面阔三间，进深一间，单檐歇山顶，每间筑有长方形门洞。檐脊部分有层次鲜明的精美浮雕：“花开富贵”。脊兽已缺失北端一只，南端一只仍旧挺立，傲视一切，气势不减当年。檐脊中间四只禽鸟缺失两只。翘檐处部分残损。檐下斗拱繁复精细，十一攒斗拱，层层向上堆叠，像朵朵绽放的花瓣一簇簇在檐下盛开，清秀娟丽，美不胜收。明间和次间砖廊柱与核心斗拱之间雕有雄狮头，稳健中透着威严。门额及门额之间刻有八个人物浮雕，形态生动夸张，呼之欲出。门额四周是花瓣浮雕，显得繁复又华丽。明、次三间砖砌拱门，明间门额上又有一层雕花，砖雕石雕双层，镌字“膺凤诏”，南面次间门额镌字“何天休”，北面次间门额镌字“沐鸿恩”。明间及次间内原立有清道光九年（1829）碑三

碑楼正立面

碑楼远景

碑楼砖雕斗拱

碑楼脊兽

碑楼侧面

通，其中南侧的一通已丢失。现存两通分别为诰赠朝议大夫太学生子瀚傅公神道碑和诰赠朝议大夫邑庠生员崑璧傅公神道碑。这两通神道碑说明此碑楼应是傅氏茔地之遗存，是傅家领皇帝敕命建造。以上足可见傅家当时显赫的地位。

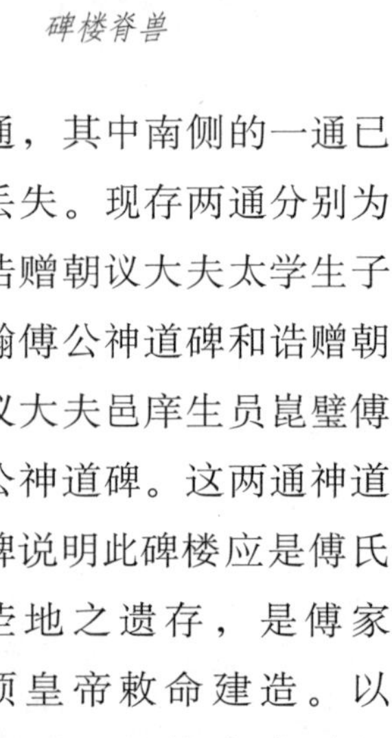

碑楼石质柱础

碑楼雕刻极尽繁缛之能事，让人目不暇接。各部位的砖雕环环相扣，工整精细，繁缛富丽，引人入胜，体现了中国传统的精湛的砖雕、石雕技艺。整个碑楼高两丈左右，通身用砖石造就，没有木构件。斗拱及拱眼等都是砖雕、石雕，图案有花草、葡萄、八仙、文武官员、猴子、象、蝙蝠等，皆活灵活现，寓意丰富。此碑楼1985年公布为县级文物保护单位。

白冢墓葬

白冢墓葬远景

白冢墓葬近景

白冢墓葬西侧盗洞

白冢墓葬位于白冢村西北100米的农田中，传为白起之墓。乾隆二十三年（1758）版《新修曲沃县志》载，秦武安君白起墓在白冢，白冢村因此得名。地表现存圆形封土堆一座，底径约12米，残高约8米，封土堆夯筑，夯层内夹杂有泥质灰陶罐及绳纹板瓦等残片。当为后人设立的纪念性墓冢。1985年公布为县级文物保护单位。

白冢堡遗址

白冢堡遗址南门残存

白冢堡遗址占地9万平方米。平面基本呈方形，边长300米，除西、北部墙体保存较好外，其余墙体已不存，墙体残长约600米。墙基宽5米，残高5—10米。墙体夯筑，夯层0.15—0.2米。南墙中部有一砖券城门洞，门宽2.6米，高3.2米，进深

9.9米。依形制看，这是一处明代建筑。1985年公布为县级文物保护单位。

白家堡遗址西北角全景

白家堡遗址北堡墙夯层

白家堡遗址东北角全景

白冢遗址

白冢遗址位于白冢村四周及西白冢自然村东侧的滏河东岸台地上。东西200米，南北500米，分布面积10万平方米，文化层厚0.5—3米。遗址中部断崖上暴露有灰坑1个及文化层堆积，地表采集有陶寺文化的夹砂灰陶绳纹袋足鬲、夹砂灰陶绳纹罐、甗等残片。1987年公布为县级文物保护单位。

白冢遗址全景

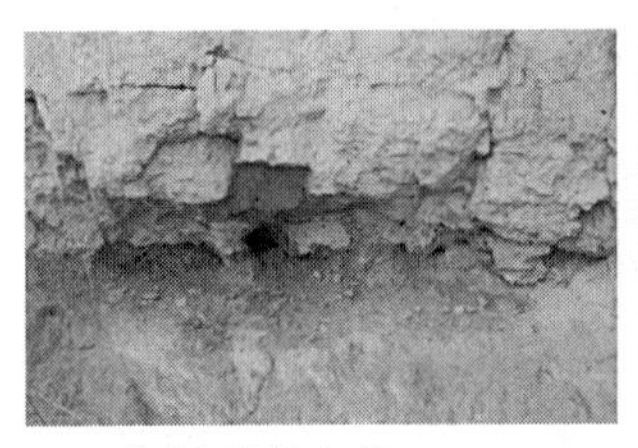

白冢遗址灰坑

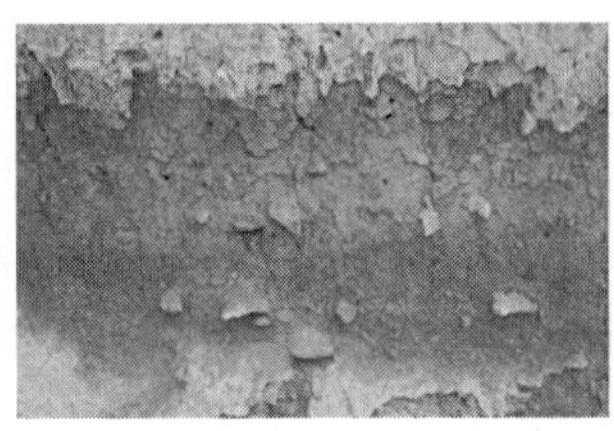

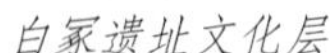

白冢遗址文化层

在白冢遗址采集的标本

景明村

景明村，位于曲沃县城东南12公里。地理坐标为北纬35°34′，东经111°30′。西与北林交相邻，东与白水接壤，南靠绛山。地势南高北低，水资源丰富，交通方便。

该村系以自然风貌及景观得名。村址位于白石山下，瀑布高悬，山明水秀，故称景明。

据说，《诗经·唐风·扬之水》中提到的“从子于沃”的“沃”，指的是沃泉，即景明瀑布。

该村明代属富贵乡景明里，并为里治地。清属头乡，里治不变。民国七年（1918），属二区。民国二十六年（1937），属林交编村。1953年，属林交乡辖。1956年，属营里乡（后改北董乡）顺利高级农业合作社。1958年，属东风人民公社（北董）辖。1959年，为北董公社管理区辖。1961年，设景明大队，属下裴庄人民公社。1984年，改称景明村民委员会。2001年，并入北董乡。

该村经济历来以农业为主，水磨加工业较发达。产业结构调整后，以地理优势大办旅游业，拉动了二、三产业，搞活了经济，富裕了村民。

景明瀑布为县内十景之一。春秋晋国时，景明为公侯家花园。明、清两代，文人墨客咏景明山水佳作颇多。如今的景明旅游区，完成了旅游公交汽车站建设，以及旅游区道路硬化、通道绿化，建设了龙岩苑、龙岩塔、水上乐园、牡丹亭等20多个景点。景明旅游区风光旖旎、景点林立，已成功举办了六届旅游节。

吉凤彩宅院

吉凤彩宅院位于景明村南吉尧秀院内。东西11.3米，南北7米，占地79.1平方米。始建年代不详，据北房脊檩题记记载，该

吉凤彩宅院北房西壁小门

吉凤彩宅院内景

吉凤彩宅院北房正立面

吉凤彩宅院北房脊檩题记

吉凤彩宅院北房柱头斗拱

吉凤彩宅院改建的门楼

吉凤彩宅院北房脊饰

宅院于清咸丰九年（1859）重建。原布局不详，现仅存北房一栋，坐北朝南，面阔三间，进深两椽，单檐灰瓦悬山顶，三檩无廊式构架，前檐柱头及平身科饰镂空木雕花卉斗拱，前墙已改建。

吉凤翥宅院

吉凤翥宅院东西13.6米，南北19.27米，占地约262平方米。据南

吉凤翥宅院外景

吉凤翥宅院门楼及西耳房

吉凤翥宅院大门

吉凤翥宅院门楼脊檩题记

吉凤翥宅院门楼柱础

房及门楼脊檩题记记载，该宅院于清同治八年（1869）创建，四合院布局，坐南朝北，现存南房、东西厢房、门楼及西侧耳房。南房面阔三间，进深两椽，单檐灰瓦悬山顶，三檩无廊式构架，明间置槅扇门四扇，次间设木质方窗。东西厢房各面阔三间，进深两椽，单檐灰瓦悬山顶。门楼位于北部正中，面阔一间，进深两椽，前檐雀替为木雕花卉，

吉凤翥宅院南房

吉凤翥宅院南房柱础

吉凤翥宅院东厢房

吉凤翥宅院西厢房

吉凤翥宅院门楼西耳房侧立面

内置砖石砌成的长方形门，门楣上有石刻“庆有余”三字。门楼西侧存砖砌瓦房两间，东侧耳房已不存。

吉占鳌宅院

景明吉占鳌宅院东西14.22米，南北12.42米，占地约176.6平方米。据北房脊檩题记记载，该宅院于清光绪九年（1883）创建。原布局不详，坐北朝南，仅存北房一栋。北房面阔三间，进深两椽，单檐灰瓦

吉占鳌宅院北房远景

吉占鳌宅院近景

吉占鳌宅院北房正立面

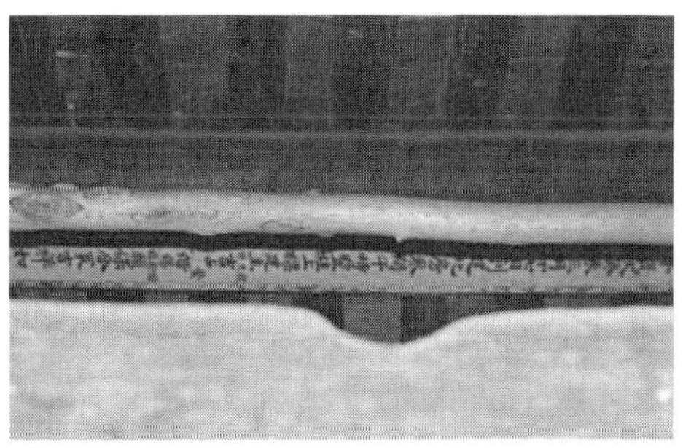

吉占鳌宅院北房脊檩题记

吉占鳌宅院北房斗拱

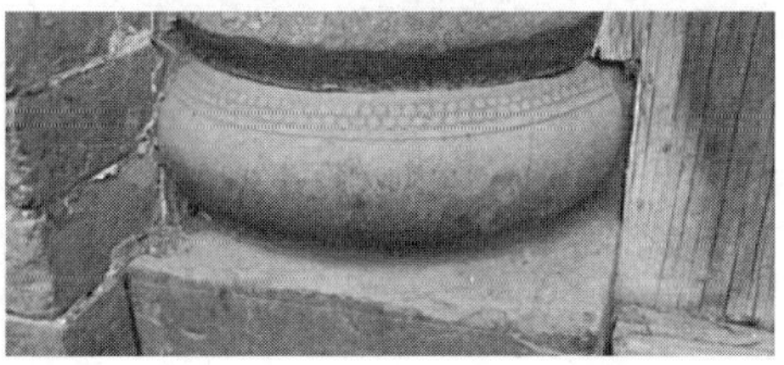

吉占鳌宅院北房柱础

悬山顶，三檩无廊式构架，前檐平身科饰简单木雕斗拱。明间置槅扇门四扇，次间设木质方窗，每间上部置八扇槅扇窗。西部残存有西厢房墙体。

龙岩寺遗址

景明龙岩寺遗址位于景明村南50米的紫金山北麓，景明瀑布的西侧，占地约8000平方米。据民国版《曲沃县志》记载，龙岩寺建于明朝洪武年间，嘉庆七年（1802）重修。20世纪六七十年代寺内建筑全部被

龙岩寺碑林

龙岩寺观音殿

龙岩寺佛殿

龙岩寺佛殿彩塑

龙岩寺清嘉庆碑记

毁。1999年，景明村民连二黑一家恢复原有的佛殿、观音殿等建筑，新辟碑林，内存有十通碑刻，与景明瀑布共同开发，发展当地旅游业。

吉氏祠堂

景明吉氏祠堂位于景明村南段士海院内。东西8.55米，南北5.35米，占地约45.7平方米。据北房脊檩题记记载，吉氏祠堂于清光绪三年（1877）创建。原布局不详，现仅存祠堂一座，坐北朝南，面阔三间，进深三椽，单檐灰瓦悬山顶，四檩前廊式构架，前檐柱头及平身科饰木雕花卉斗拱，雀替亦为细密木雕花卉。明间置槅扇门四扇，细致灯笼锦

吉氏祠堂正立面

吉氏祠堂明间雀替斗拱

吉氏祠堂外景

吉氏祠堂梁架及脊檩题记

吉氏祠堂脊饰

吉氏祠堂柱础

吉氏祠堂梁架

样式，门楣上镌“祭□诚”等字样；次间设方窗，也是灯笼锦，窗下砌有条石刻石。屋顶脊饰为“富贵牡丹”浮雕，层次鲜明，典雅大方。圆鼓加方形须弥座柱础，鼓边及须弥座上有雕纹。

火星庙

景明火星庙东西8.75米，南北5.78米，占地约50.6平方米。据大殿脊檩题记记载，火星庙于清光绪二年（1876）创建。原布局不详，现仅存大殿一座，坐北朝南，为后人改建，面阔三间，进深两椽，单檐灰瓦硬山顶，三檩无廊式构架，前檐平身科饰简单木雕斗拱，明间置槅扇门四扇，次间设方窗，方形加三角纹柱础，精美浮雕花卉脊饰。

火星庙北殿梁架

火星庙北殿外景

火星庙北殿

火星庙北殿脊檩题记

火星庙北殿斗拱

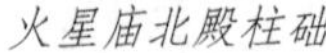
火星庙北殿柱础

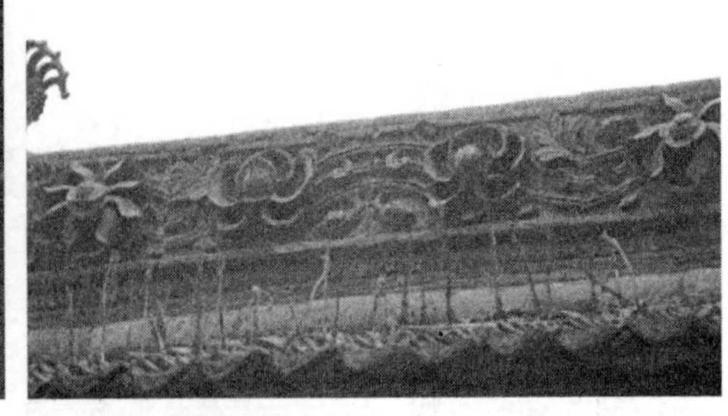
火星庙北殿脊饰

戏台

景明戏台位于景明村南部。东西16.9米，南北10.83米，占地约183平方米。据戏台脊檩题记记载，该戏台于民国八年（1919）创建。中华人民共和国成立后为丰富人民群众的文化生活，村民于1956年在戏台前加建一座人民舞台，原戏台作为后台使用。戏台坐南朝北，面阔五间，进深四椽，五檩前廊式构架，单檐灰瓦硬山顶，前檐柱头饰如意耍头，明间匾额镌有“声浪耳鼓”四字。戏台木构件上原有彩绘，已漫漶不清。人民舞台建于戏台北部，砖石砌筑，东西两侧砌砖墙，灰瓦铺顶，台前额题有“人民舞台”四字。

戏台外景

戏台前台

戏台脊檩题记

戏台梁架

戏台后台牌匾

戏台柱础

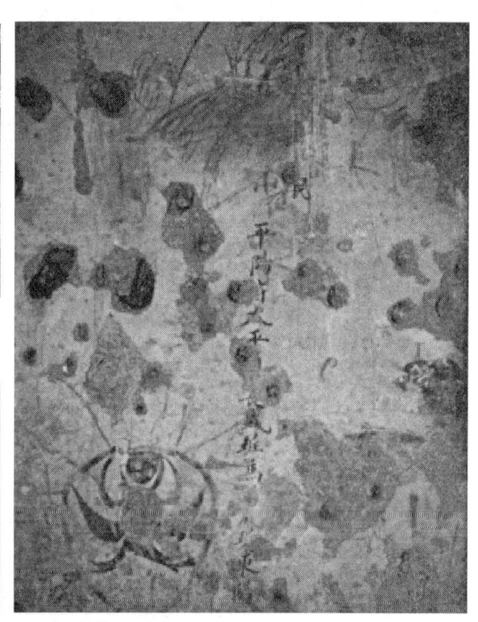

戏台戏班题记

景明烈士陵园

景明烈士陵园位于景明村南紫金山脚下，坐西朝东，东西32米，南北37.92米，面积约1213平方米。1948年为纪念解放运城的52名烈士建造陵园，1997年—2000年将1947年解放曲沃的11名烈士移入陵园。陵园内现有墓碑3座、纪念碑1座。纪念碑上题写“人民英雄永垂不朽”，碑阴镌刻

景明烈士陵园全景

景明烈士陵园碑记

景明烈士陵园烈士墓冢

《英烈功绩》碑志。1985年公布为县级文物重点保护单位。

景明沸泉水库

景明沸泉水库位于景明村东南约1000米的绛山谷中，兴建于1972年2月，1973年9月竣工。大坝横跨于谷中两山之间，呈南北走向，坝上部宽3米，两侧均有水泥建造的护栏，坝基宽约10米，坝高约30米。水库位于大坝东侧。大坝断面呈凹面形，凹面向西，南北长约80米。大坝西壁

景明沸泉水库全景

景明沸泉水库大坝

景明沸泉水库“引沸入滏”管道

塑有“高峡出平湖”字样，今已漫漶不清。水库蜿蜒于谷内，面积约10万平方米，蓄水量为150万立方米，是一处重要的水利设施，为当地农业发展作出了贡献，现为旅游重点开发区。

2010年，景明村共有319户1311人，耕地面积1215亩，农民人均纯收入为6903元。

第二章 新绛县

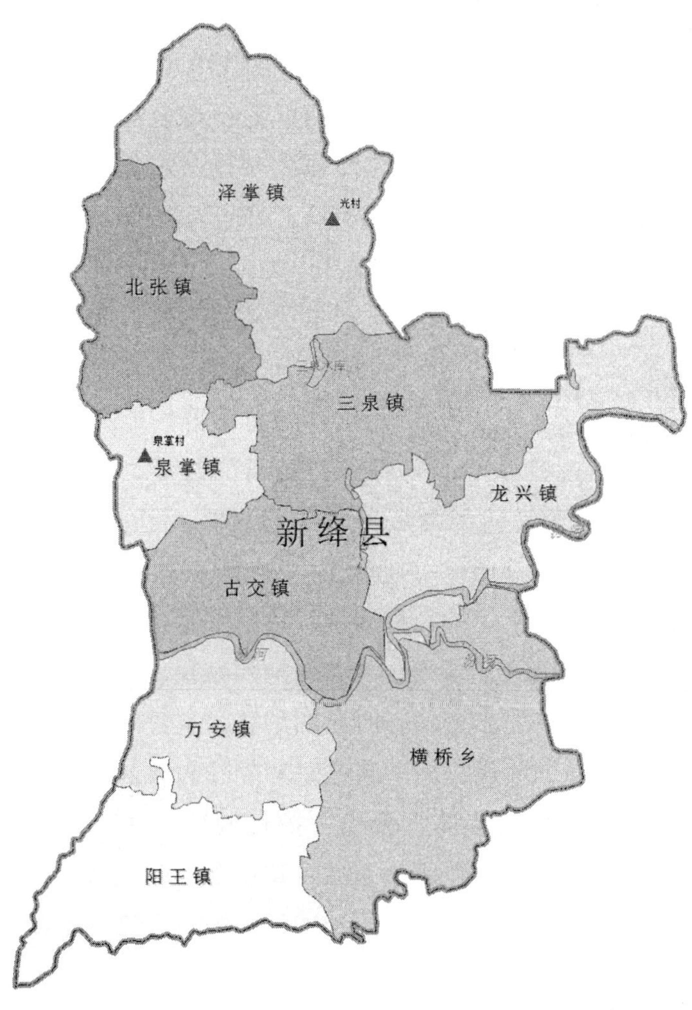

光村

“光村古村落”标牌

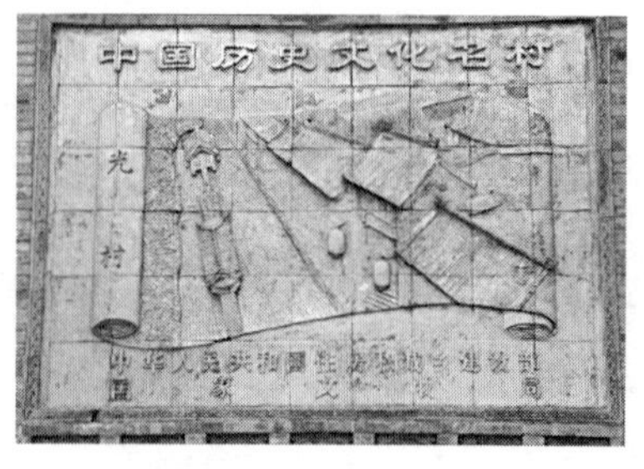

“中国历史文化名村”标牌

光村，位于新绛县城北约20公里的吕梁山脉姑射山东南麓，地理坐标为北纬35° 76′，东经111° 18′，是国家历史文化名城新绛县的一个村落。处于临汾盆地边缘地带的山前平缓坡地，背山面水，具有优良的自然条件。其地势北高南低，东22公里处有汾河流过。光村西靠大聂村，东邻北苏村，其间以农田相隔。村落周边围绕着4条道路，其中799县道为主要道路，连接着西至石门峪口、东至义西毛村、南至孝陵庄村、北至小聂村范围内的10余个村落，形成相互依存的村落群。光村位于新绛县城通往该村落群的必经之路，具备成为区域中心的良好交通条件，为经济与文化的发展奠定了基础。

光村古村落有3000多年的历史。早在新石器时代，这里就有人类繁衍生息。属于仰韶文化的光村遗址，可与丁村遗址相媲美，1959年公布为省级文物保护单位。相传，北齐时期的某夜，光村上空突然出现了五彩缤纷、耀眼夺目的光芒，一时光明如昼。上报朝廷后，皇帝龙颜大悦，赐名光村。经过历代村民不断修葺和创建，至20世纪40年代，光村已形成了以肃穆雄伟的寺庙为景点、护村城池为屏障、豪宅大院为核心的建筑文化。2010年，被住房和城乡建设部、国家文物局授予第五批“中国历史文化名村”荣誉称号。2012年，被列入第一批中国传统村落名录。

城垣

光村城垣呈正方形，东西、南北皆长约400米。四周城垣完整，高约13米，上宽约3米，车马可以环行。东、西城墙一线贯通，不留旁门，仅在南、北城墙上各设二门，子午为轴，南北呼应。东、西二门又各分南、北城墙为三等份。竖立于村四周的城门端庄大气，城门匾各有寓意。光村城垣因20世纪七八十年代修建新房和开辟新路而破坏，现只残留了北城门的一段城垣。城垣和城门本来是一体的，但是现在只能借助北城门的残垣断壁，通过考证来帮助人们构建起当时光村古城垣的情景。

古城遗址

乾元门

乾元门为西北门。乾为天，元即首。至少有两重含义：其一是追溯本村的起源；其二是强调这西北方向的重要性。西北门内，另外建有阁楼，两道城门形成瓮城之势。阁楼面阔三间，四周设有走廊，正面装设雕花门扇，走廊外侧精修花墙护栏，供人眺望，整体装饰十分讲究。

继照门

继照门为东南门。继为继承，照是照射。“继照”二字力沉千钧，任重百世。其含义十分明显：寄厚望于后代，期可继承先祖之荣耀。

广汉门

广汉门为东北门。广者，宽大也，汉可解释为汉朝或银汉。光

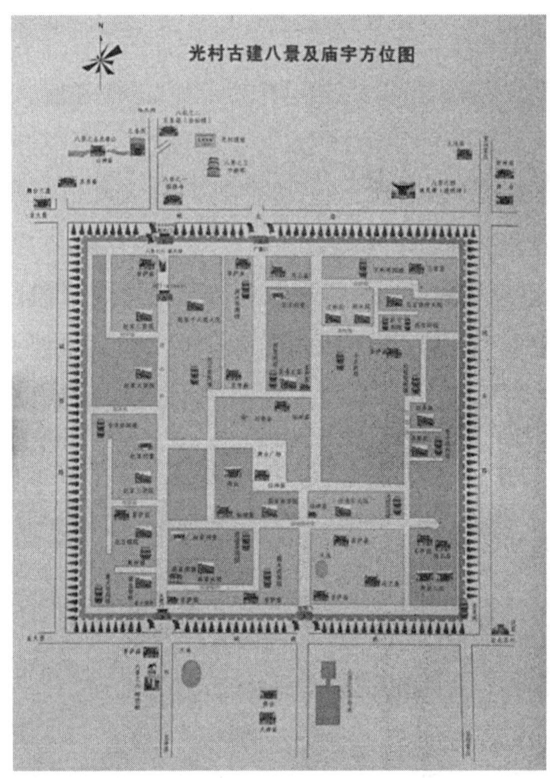

光村古建八景及庙宇方位图

村始建于北齐可排除汉朝说，银汉即银河（天河），又可引申为地上的江河。

大武门

大武门为西南门。“大武”提醒该村后辈，怀鸿鹄之大志，弃燕雀之小志，学有用之大技，弃雕虫之小技，干利国之大业，建为民之丰功。

院落

光村的蔺、薛、赵三大家族是充满传奇色彩的绛商群体中的佼佼者。同样受儒家思想影响，光村三大家族秉持“衣锦还乡、光宗耀祖”的观念，在财富积累到堆金积玉、盆满钵盈时往往选择回乡置田购地，建宅造院。

光村深厚古老的文化积淀，表现在那独具特色的民居建筑上。光村传统建筑的主要特色是民居院落形式多样，基本上以四合院为主，有四大八小院、平楼院、楼阁院、书房院等形式，院落布局灵活多样，空间格局灵活多变，建造工艺高超。最具特色的是民居大门入口处以高大门楼彰显主人生活的富贵奢华。村中原有14座阁楼（又称鸽楼或看家楼）建筑，现仅存两座。阁楼置于院落入口之处，可达四五层楼高，青砖砌成，内设楼梯，上有垛口，有瞭望、防盗、防火之功能。光村有蔺、薛、赵、王四大姓，每家都有大院。最著名的有赵家十八院、薛氏宅院，可惜大多已损毁。但在有幸留存下来的院落里仍能看到檐角的精美木雕、石雕柱础、雕花窗户。这些古民居大都是嘉庆年间所建，院落布局紧凑，门庭装饰古色古香，幽静高雅，看得出当时主人的高贵地位和富裕家境。

赵氏宅院

赵氏一号宅院（赵大厅院）

光村赵氏一号宅院位于光村西北部赵家胡同内。坐北朝南，南北长31.4米，东西宽28.3米，占地约889平方米。创建人赵熊，清乾隆年间人，在苏杭靠经营丝绸生意发家，曾捐官四品，后在老家光村建院落三座，分给三个儿子，该院落为其长子之宅，村民称其为大厅院。东西并列正、偏院两座，两院相连，正院在东，偏院居西，皆为前后二进院落布局。现仅存正院后院东西厢房，偏院门楼及前院南房，房屋造型简洁，构架合理。赵氏一号宅院为研究清中早期晋南民居规制及布局的发展演变提供了实物资料，有一定的保护价值。

赵氏一号宅院正院门楼

赵氏一号宅院正院门前石狮（雌）

赵氏一号宅院偏院门楼侧面

赵氏一号宅院偏院影壁

赵氏一号宅院正院后院东厢房

赵氏一号宅院正院后院西厢房

赵氏一号宅院偏院书房院门楼

赵氏一号宅院偏院书房院南房

赵氏二号宅院

光村赵氏二号宅院位于光村西部，通天巷中段路西50米处。坐北朝南，南北长25.2米，东西宽13.2米，占地约332.6平方米。该院与赵氏一号宅院同建于清乾隆年间，系赵熊第三子之宅。前后二进院落布局，现仅存后院东西厢房及北房基址。东、西厢房规制相同，均面阔三间，进深一椽，单坡悬山顶。檐下柱头科四攒，平身科三攒，镂雕牡丹、莲花图案。设木隔层。院落布局合理，建筑造型简洁，木雕工艺精美，为研究清中早期晋南民居形制及布局的发展演变提供了实物资料。

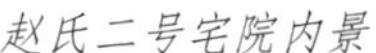
赵氏二号宅院内景

赵氏二号宅院东厢房

赵氏二号宅院西厢房

蔺氏宅院

无论为官、为商，在光村的几大家族中，声名最显赫的当数蔺氏家族。廉颇与蔺相如的故事人人耳熟能详。光村的蔺氏就是蔺相如后人中的一脉，至今光村的福胜寺里还供奉着蔺相如的坐像。作为绛商的代表，民国初年，蔺家经营的兴世钱局名噪一时。至今光村的蔺家后代里还有诸多名人，从政、为商者不在少数。

蔺氏一号宅院

光村蔺氏一号宅院位于光村东南部，东巷南口路西。坐北朝南，南北长29.45米，东西宽14.6米，占地约430平方米。创建年代不详，据形制判断为明代建筑。四合式院落，现存东西厢房、门楼及角楼基址。东西厢房均面阔三间，进深二椽，单檐硬山顶，前坡长，后坡短，为“鸟尾房”，前带插廊，鼓式柱础。檐下柱头科四攒，形制为一斗三升，栌斗上雕有马、狮子、麒麟等瑞兽，通间雀替雕祥云、莲花图案。门楼面阔进深各一间，单檐硬山顶，通间雀替雕“凤凰戏牡丹”图案，辟板门两扇，两侧置鼓镜式门墩石一对。该院落为研究明代晋南民居形制、装饰艺术及布局的发展演变提供了珍贵的实物资料，有一定的历史、艺术研究价值。

蔺氏一号宅院门楼

蔺氏一号宅院门楼镂空木雕

蔺氏一号宅院内景

蔺氏一号宅院东厢房

蔺氏一号宅院东厢房柱头科

蔺氏一号宅院西厢房

蔺氏二号宅院

光村蔺氏二号宅院位于光村中心，国策门巷内。坐北朝南，南北长25.92米，东西宽12.14米，占地约314.7平方米。创建年代不详，据形制判断为清中期建筑。前后二进院落布局，现存前院东厢房和后院东、西厢房，均面阔三间，进深二椽，单坡硬山顶，灰筒瓦覆盖。该宅院布局合理，结构严谨，对研究清中期晋南民居形制及布局的发展演变提供了实物资料，有一定历史、科学研究价值。

蔺氏二号宅院门楼（局部）

蔺氏二号宅院后院东厢房

蔺氏二号宅院后院西厢房

蔺氏三号宅院

光村蔺氏三号宅院位于光村西北部，光村小学西南110米处。坐北朝南，东西长23.9米，南北宽19.9米，占地约476平方米。据东院北房脊檩题记记载，该宅院建于清乾隆四十五年（1780）。东西并列四合院两座，外观为一整体。东院保存较西院完整。东院北房及东西厢房均面阔三间，进深二椽，单檐硬山顶，灰布瓦覆盖，三檩无廊式构架，梁上饰大型雕花驼峰，两侧装叉手承接脊檩，檐下通装六抹头槅扇门。南房面阔三间，单坡硬山顶，明间后墙开院大门，门楣有砖雕匾额镌“衍三多”三字。东次间建砖石结构阁楼一座，楼身五层，通高16米。两院建筑格局基本相同，西院北房已毁，南房东次间另辟大门，门楣匾额镌“余庆居”三字。该院落布局规整，结构严谨，对研究晋南古民居形制及格局的发展演变有一定的参考价值。

蔺氏三号宅院外景

蔺氏三号宅院东院门楼

蔺氏三号宅院西院门楼

蔺氏三号宅院东院北房

蔺氏三号宅院东院北房脊檩

蔺氏三号宅院西院南房

蔺氏三号宅院西院西厢房

蔺氏四号宅院

光村蔺氏四号宅院位于光村东南部，坐北朝南，南北长22.15米，东西宽14.45米，占地约320平方米。创建年代不详，据形制判断为清中晚期建筑。四合院式布局，南房、西厢房及北房的东次间、稍间已拆

蔺氏四号宅院外景

蔺氏四号宅院门楼

毁，现存北房西半部、东厢房及阁楼底层。北房面阔五间，进深二椽，单檐硬山顶，三檩无廊式构架。梁上饰简易驼峰，两侧装叉手承接脊檩。檐下无斗拱，大梁出头，鼓式柱础。明间辟六抹槅扇门，次间设直棂窗，有飞椽。东厢房面阔三间，进深二椽，单檐硬山顶，前坡长，后坡短，为“鸟尾房”，前窗为拱券形。前檐形制与北房略同，后檐为封火檐。阁楼高两层，东西两面正中辟拱券门，为院大门。建筑均设木隔层。院落布局规整，建筑造型简洁，为研究汾北民居形制及布局的发展演变提供了实物资料，有一定的历史研究价值。

蔺氏四号宅院北房

蔺氏四号宅院北房脊檩

蔺氏四号宅院北房梁架

蔺氏四号宅院东厢房

蔺氏五号宅院

光村蔺氏五号宅院位于光村村委会西30米处。坐北朝南，南北长21.6米，东西宽12.4米，占地267.84平方米。创建年代不详，据形制判断为清早期建筑。四合院式布局，除南房拆毁外，其余保存完整。北房面阔三间，进深二椽，单檐硬山顶，三檩无廊式构架。大梁使用天然原木，卷云头，檐下通装六抹槅扇门。东西厢房均面阔三间，单坡硬山顶，灰布瓦覆盖。据北房脊檩题记记载，该院于1964年曾进行过揭瓦翻修。院落布局规整，造型简洁，为研究清早期晋南民居形制及布局的发展演变提供了珍贵的实物资料。

蔺氏五号宅院全景

蔺氏五号宅院东厢房

蔺氏五号宅院北房梁架

蔺氏五号宅院北房脊檩

蔺氏一号门楼

光村蔺氏一号门楼位于光村东南部，国策门巷内。坐北朝南，南北长5米，东西宽3.8米，占地19平方米。创建年代不详，据形制判断为清中期建筑。面阔、进深各一间，前带插廊，单檐硬山顶，檐下饰通间

蔺氏一号门楼柱础

花替，高浮雕夔龙、团寿、花草等图案，柱础为三层鼓式，柱头科两攒，镂雕花卉图案。辟板门两扇，门前置石狮一对，形态生动，保存完好。门楣匾额镌“祥光”二字。该宅门楼木雕工艺精美，手法精湛，有一定的历史、艺术研究价值。

蔺氏一号门楼

蔺氏二号门楼

光村蔺氏二号门楼位于光村中心，国策门巷内。坐北朝南，东西长4.25米，南北宽2.55米，占地约10.84平方米。创建年代不详，据形制判断为明代遗构。单体门楼，面阔一间，进深二椽，单檐硬山顶，前带插廊，檐柱柱础为三层鼓式，檐下柱头科两攒，平身科一攒，栌斗上雕“二龙戏珠”图案，正心瓜拱上雕“凤凰戏牡丹”图案，檐下有飞椽。原饰通间花替，装板门，现已丢失。置鼓镜式门墩石一对。木雕工艺精美，有一定的历史、艺术研究价值。

蔺氏二号门楼全景

蔺氏二号门楼柱头科（东）

蔺氏二号门楼立鼓石墩

蔺氏二号门楼柱础

蔺利仁老宅

蔺利仁老宅位于光村东部，东岸巷南口路西10米处。坐北朝南，南北长19.85米，东西宽11.40米，占地约226.29平方米。据北房脊檩题记记载，蔺利仁老宅于清乾隆四十二年（1777）创建。三合式院落，保存完整。北房面阔三间，进深二椽，三架梁前带插廊，单檐硬山顶，五花山墙，灰筒瓦覆盖。檐下柱头科四攒，明、次间施如意墩，饰通间花替，高浮雕有龙凤、蝴蝶图案，檐下通装六抹槅扇门。东西厢房均面阔三间，单坡硬山顶，灰板瓦覆盖。明间两侧均嵌砖雕楹联一副。门枕石、石门槛，均有线刻麒麟、翔龙、飞马、蝙蝠、梅花、莲花、石榴等吉祥图案，形态生动，内涵丰富，寓意深远。院内南端有砖雕影壁一座，壁心为团形二龙祥云图案。该宅院集木、石、砖雕为一体，雕工精湛，寓意深邃。布局严谨，造型独特，历史、艺术价值极高。

蔺利仁老宅北房梁架

蔺利仁老宅全景

蔺利仁老宅东厢房楹联

蔺利仁老宅影壁

蔺于淳老宅

蔺于淳老宅位于光村东北部，东岸巷内，又称旮旯院。坐北朝南，南北长25.75米，东西宽13.47米，占地约346.85平方米。据北房脊檩题记记载，蔺于淳老宅于清嘉庆四年（1799）创建。四合院式布局，现存北房东半部分和东厢房。北房面阔三间，进深二椽，单檐硬山顶，三檩无廊式构架。檐下平身科三攒，檐椽粗壮，间距较密。灰筒瓦覆盖，正脊为高浮雕莲花图案。前檐下置一长条阶石，上雕狮子、麒麟等瑞兽。明间辟六抹槅扇门（现仅存三扇），东次间设直棂窗。东厢房六间，北三间体量较大，南三间较小，且在南山墙上辟有二门。北房台阶下留长方形踏步石1条，正面雕“麒麟献瑞”图案。据该院主家谱载，此院曾出过武举人，官至武德佐骑尉，故建筑特点与其他民宅略有不同，对研究晋南官

蔺于淳老宅诰封牌

蔺于淳老宅北房

蔺于淳老宅北房柱础

蔺于淳老宅北房脊檩题记

蔺于淳老宅北房门前条阶石

宦住宅有一定的参考价值。

蔺埴老宅

蔺埴老宅位于光村北部，坐北向南，南北长20.05米、东西宽12.75米，占地约255.64平方米。据北房脊檩题记记载，该宅于清嘉庆十一年（1806）由宅主蔺埴创建。四合院式布局，整体保存完整。北房面阔三间，进深二椽，单檐悬山顶，三檩无廊式构架。明间辟六抹槅扇门，次间设直棂窗。檐下无斗拱，大梁采用自然弯曲的原木。南房面阔五间，进深一椽，单坡硬山顶，三檩无廊式构架。明间辟门，次间设窗，稍间对称开小板门。明间后墙辟院门，门楣砖雕匾额镌“务本”二字，后墙为封火墙。东西厢房均面阔三间，进深一椽，单坡硬山顶，明间辟板门，次间设直棂窗，与北房皆为灰筒瓦覆顶。南房用板瓦。建筑均设木隔层。该院落布局规整，结构合理，装饰简洁，造型古朴，为研究清代中早期汾北民居形制及布局的发展演变提供了实物资料。

蔺埴老宅外景

蔺埴老宅内景

薛氏宅院

薛氏宅院，创建于清朝末期，由二十四座院落组成，形成一条胡同，称薛家胡同。薛家属后起之富，主院有三道大门，二门内为客厅，二层砖木建构，正面有护栏，堂内墙壁以木雕画装饰，别致而儒雅。第三道门，以水磨石为门面，现在犹存。大门外照壁高约5.9米，青砖磨砌，浮雕人物花鸟，气势雄伟，富丽堂皇，尽显院主财势。大门门楣正中悬有“孝廉方正”牌匾一块，书风遒劲雄健，诉说着主人的处世理念。大门所在的薛家胡同，全长约100米，宽约2米，路面皆由精致条形青石铺成，洁净整齐，两旁高厦连绵，颇具气势，彰显了薛氏家族的财力。

薛氏一号宅院

光村薛氏一号宅院位于光村西南部薛家胡同内。坐北朝南，南北长25.8米，东西宽13.3米，占地343.14平方米。创建年代不详，据形制判断为清代建筑。四合院布局，现仅存东西厢房及门楼下半部分。东西厢房均面阔三间，进深一椽，单坡硬山顶，檐下平身科三攒，木雕有马、牛、鹿及花卉图案。门楼通间花替镂雕“狮子滚绣球”图案，辟板门两扇，门楣石雕匾额镌“敦物恒”三字。该院木雕工艺考究，布局合理，对研究清代晋南民居的发展演变，尤其是汾北民居形制有一定的参考价值。

薛氏一号宅院门上木雕

薛氏一号宅院东厢房

薛氏一号宅院西厢房

薛氏一号宅院门楼

薛氏二号宅院

光村薛氏二号宅院位于光村西南部薛家胡同内。坐北朝南，南北长25.40米，东西宽14.25米，占地361.95平方米。创建年代不详，据形制判断为清晚期建筑。四合院式布局，现存南房及西厢房，均面阔三间，进深二椽，单檐硬山顶，檐下平身科三攒，雕莲花、蝴蝶等图案。院落布局规整，结构合理，木雕工艺精美，手法独特，具有一定历史、艺术价值。

薛氏二号宅院门楼

薛氏二号宅院门楼通间花替木雕

薛氏二号宅院南房

薛氏二号宅院南房平身科

薛氏二号宅院西厢房

薛氏三号宅院

光村薛氏三号宅院位于光村中心，薛家胡同东北80米处。坐北朝南，南北长19.6米，东西宽11.8米，占地约231.3平方米。据形制判断为

薛氏三号宅院前院东房

清晚期建筑。二进院落布局，前后均为四合院，现仅存东房及门楼残部。后院仅存东西厢房。门楼为垂花门，门楣石雕匾额镌“履中”二字。东西厢房均面阔三间，进深一椽，单坡硬山顶，形制简洁。该院落布局合理，结构严谨，为研究清晚期晋南民居形制及布局的发展演变提供了实物资料。

薛氏三号宅院前院门楼

薛氏三号宅院二院门楼

薛氏三号宅院后院西厢房

薛氏三号宅院后院东厢房

薛氏四号宅院

光村薛氏四号宅院位于光村西南部薛家胡同内。坐北朝南，南北长34.24米，东西宽14.7米，占地约503.33平方米。据院中匾额题记记载，薛氏四号宅院创建于清同治四年（1865），为光村原薛氏宅院之主院。前后二进院落布局，前院已毁，现存后院北房、东西厢房及门楼。

北房面阔三间，进深三椽，单檐硬山顶，三架梁前带插廊。檐下柱头科四攒，平身科三攒，形制均为一斗三升，有飞椽。通装六抹槅扇门18扇，明间饰门罩。通间花替雕“蝴蝶缠枝”图案。檐柱柱础为宝瓶形，周雕五蝠捧寿图案。东西厢房均面阔三间，进深一椽，单坡硬山顶，通间花替雕蛟龙、蟠桃等吉祥图案，垂花柱，窗罩为上圆下方形图案。过厅明间后墙辟二门，为仿木构砖雕形制门楼，装板门两扇，门楣石雕匾额镌“安厥止”三字。该宅院布局规整，结构合理，集木、石、砖雕工艺于一体，雕工精湛，造型优美，内涵丰富，为研究晋南古民居形制、装饰艺术及布局的发展演变提供了实物资料，历史、艺术、科研价值极高。

薛氏四号宅院内景

薛氏四号宅院北房明间檐柱柱础

薛氏四号宅院北房通间花替木雕

薛氏四号宅院西厢房门上方石匾

薛氏四号宅院北房明间柱头花雕

薛氏五号宅院

光村薛氏五号宅院位于光村中心，村委会西南11米处。坐北朝南，南北长19.3米、东西宽11.7米，占地约225.8平方米。创建年代不详，据

薛氏五号宅院门楼

薛氏五号宅院东厢房

薛氏五号宅院西厢房

形制判断为清中晚期建筑。四合院式布局，南北房已拆毁，现存东西厢房及门楼前墙。两房均面阔三间，进深一椽，单檐硬山顶，西厢房前带插廊。檐下无斗拱，明间辟门，次间设窗，柱础为鼓式。门楼门楣匾额镌“安居”二字。院落布局规整，造型简洁大方，为一处普通民宅。

薛氏六号宅院

光村薛氏六号宅院位于光村南部。坐北朝南，南北长21.2米，东西宽13.4米，占地约284.1平方米。创建年代不详，据形制判断为清中晚期建筑。四合院式布局，四角均有小院，现仅存东厢房及门楼。东厢房面阔三间，进深一椽，单坡硬山顶，明间辟门，次间设窗。檐下无斗拱，大梁出头，设木隔层，南墙外皮嵌圆形照壁一面。门楼面阔一间，进深二椽，单檐硬山顶，装板门两扇，两侧置门墩石，周雕香炉、花瓶、花

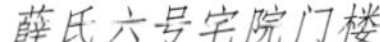

薛氏六号宅院门楼

薛氏六号宅院门墩石

薛氏六号宅院东厢房

卉图案。院落布局规整，石雕工艺精美，为研究汾北民居形制及布局的发展演变提供了实物资料，有一定的历史、艺术研究价值。

王氏宅院

王氏一号宅院

光村王氏一号宅院位于光村东北部。坐北朝南，南北长33.25米，东西宽12.75米，占地约423.94平方米。创建年代不详，据形制判断为清中晚期建筑。前后二进院落布局，现仅存大门前墙皮及后院东厢房，其余建筑已被毁。后院东厢房面阔三间，进深一椽，单坡悬山顶，葵花卷叶脊饰。明间辟门，次间设窗，檐下无斗拱，大梁出头，后檐为封护

王氏一号宅院外景

王氏一号宅院东厢房

檐，设木隔层。原大门门楣砖雕匾额镌“福绥”二字。院落布局合理，结构严谨，有一定的历史研究价值。

王氏二号宅院

光村王氏二号宅院位于光村东北部，坐北朝南，南北长35.8米，东西宽24.6米，占地约880.7平方米。清乾隆四十八年（1783）创建。前后并列两座四合院，西侧建有牲口院，现仅存前院门楼及后院东厢房，其余建筑已被毁。前院门楼为垂花门，两侧垂方柱，饰通间花替，木雕“二龙捧寿”、“麒麟祝寿”、莲花及夔龙纹图案。门楣石雕匾额镌“迎晖”二字。偏门门楣砖雕匾额镌“维新”二字。后院东厢房面阔三间，进深一椽，单坡硬山顶。明间辟门，次间设窗，檐下无斗拱，大梁出头。院落布局合理，结构严谨，木雕工艺精美，有一定的历史、艺术研究价值。

王氏二号宅院外景

王氏二号宅院门楼垂方柱

王氏二号宅院后院东厢房

李氏宅院

李氏一号宅院

光村李氏一号宅院位于光村西部，通天巷中段。坐北朝南，南北长14.9米，东西宽13.3米，占地约198.2平方米。据北房脊檩题记记载，李氏一号宅院于清康熙十五年（1676）创建。四合院式布局，原四角均有小院，现存东北角厨房院及东南角阁楼一座。北房面阔三间，进深二椽，单檐硬山顶，五花山墙，三檩无廊式构架。梁上饰大型雕花驼峰，两侧饰叉手承接脊檩。前檐下东山墙处开一小门通往厨房院，院内建南房一间。东西厢房形制基本相同，均面阔三间，单坡硬山顶。南房面阔一间，进深一椽，单坡悬山顶。阁楼高五层，16米，底层辟院大门。该宅院布局巧妙，结构严谨，造型古朴，为研究清早期当地民居形制及布局的发展演变提供了实物资料，有一定的历史研究价值。

李氏一号宅院外景

李氏一号宅院内景

李氏一号宅院北房

李氏一号宅院南房

李氏一号宅院厨房院小南房

李氏二号宅院

光村李氏二号宅院位于光村中心偏北部，村委会北100米处。坐北朝南，南北长18.9米，东西宽13.5米，占地约255.2平方米。创建年代

李氏二号宅院内景

李氏二号宅院西厢房

李氏二号宅院门楼

李氏二号宅院南房

不详，据形制判断为清中晚期建筑。四合院式布局，北房已被毁，现存南房及东西厢房。南房为明三暗五格局，单坡硬山顶，明间后墙院大门，装板门两扇，门楣砖雕匾额镌“迎祥”二字。东西厢房均面阔三间，进深一椽，单坡硬山顶，构造简单。建筑均设木隔层。院落布局规整，结构合理，为研究清中晚期晋南民居规制提供了实物资料。

高氏宅院

光村高氏宅院位于光村东北部，村委会东北150米处。坐北朝南，南北长15.33米，东西宽14.5米，占地约222.3平方米。创建年代不详，据形制判断为清中晚期建筑。四合院式布局，北房已毁，现存南房、东西厢房及厨

高氏宅院原北房插廊柱础

房院内阁楼一座。原辟乾门，石砌门框，上雕五蝠捧寿图，门楣石雕匾额镌“静远”二字。东西厢房均面阔三间，单坡硬山顶。檐下平身科三攒，形制为一斗三升，雕牡丹、莲花图案。明间辟门，次间设窗。南房面阔一间，单坡悬山顶，鼓式柱础，柱头科两攒，一斗三升形制，栌斗

高氏宅院西房

高氏宅院西厢房补间斗拱

高氏宅院南房柱头科

高氏宅院厨房院阁楼

高氏宅院南房

上雕二龙贺寿图。北房残存西墙上辟一小门通往厨房院，院内有二层阁楼一座，与北房墙体相连。该院落布局巧妙，结构紧凑，造型古朴简洁，为研究清中晚期晋南民居形制提供了实物资料，有一定的历史研究价值。

范氏宅院

范氏宅院门楼

范氏宅院内景（A）

光村范氏宅院位于光村中心偏北部，村委会北120米处。坐北朝南，南北长22.5米，东西宽14.6米，占地328.5平方米。创建年代不详，据形制判断为清中晚期建筑。四合院式布局，现存南

范氏宅院内景（B）

范氏宅院南房

房及东西厢房，均面阔三间，进深一椽，单坡硬山顶，檐下无斗拱，形制简洁。明间辟门，次间设窗。南房东次间后墙开院大门。该院落布局规整，结构严谨，为普通民居，对研究清中晚期晋南民居形制及布局的发展演变提供了实物资料，有一定的历史研究价值。

马氏宅院

马氏宅院外景

马氏宅院北房脊檩

马氏宅院北房

马氏宅院北房阁楼内梁

马氏宅院位于光村中心偏西部，村委会西30米处。坐北朝南，南北长10.5米，东西宽9.2米，占地96.6平方米。据北房脊檩题记记载，马氏宅院创建于清康熙五十五年（1716）。四合院式布局，仅存北房及门楼前墙皮。北房面阔三间，进深一椽，单坡硬山顶，灰筒瓦覆盖，设木隔层。门楼门楣有砖雕匾额镌“苞茂”二字。该宅院布局紧凑，体量较小，为研究清早期晋南民居形制及布局的发展演变提供了珍贵的实物资料。

阁楼

又称鸽楼或看家楼，大都四五层，高约20米，青砖砌成，内设楼梯，可供上下，每层都有门，可外望，上有垛口。在方圆百里的村庄中是很罕见的。阁楼是用来看家护院的。因为楼层高，能起到瞭望的作用。一旦敌人侵犯，居高临下，可以从上丢东西，打退入侵者。阁楼建起的方位也非常有讲究，大都会选在吉星方位。光村历史上共建起多少个阁楼，目前不得而知。中华人民共和国成立前，光村共有阁楼22座，后经“文化大革命”，目前村中仅存两座阁楼。

祠堂

藺家祠堂（3座）

光村藺家祠堂位于光村南部，国策门巷南端。坐北朝南，南北长20.2米，东西宽16.8米，占地约339平方米。创建年代不详，据形制判断为清代建筑。四合院式布局，正房、南房已毁，现存东西厢房及门

藺家祠堂门楼木雕

藺家祠堂东厢房

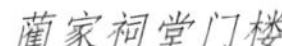

蔺家祠堂门楼

蔺家祠堂西厢房

楼。东西厢房形制相同，皆面阔三间，进深一椽，单坡硬山顶。门楼位于祠堂西南处，为乾门，面阔进深各一间，前带插廊，檐下柱头科两攒，平身科一攒，下层施如意墩，饰通间花替。高浮雕有“一路莲科”“冠带榴船”图案，中间为蔺家图腾麻雀图案。院内南墙上嵌2.35米宽、3.3米高清水照壁一面。该祠堂布局规整，结构严谨，木雕工艺精美、寓意深刻，历史、艺术、科研价值极高。

薛家祠堂（1座）

光村薛家祠堂位于光村中心，国策门巷内。坐北朝南，南北长14.95米，东西宽10.8米，占地161.46平方米。据院内石碣载，薛家祠堂于清康熙四年（1665）创建，光绪十年（1884）重修。四合院式布局，院内建北房、东西厢房各三间及门楼一座。南房为门楼，辟板门两扇，门楣砖雕匾额镌“义合斋”三字。北房前檐下东山墙上嵌《重修薛家祠堂》石碣一方。该祠堂为研究光村薛氏宗族源流提供了实物资料，有一定的历史研究价值。

薛家祠堂门楼

薛家祠堂北房

《重修薛家祠堂》石碣

王家祠堂（2座）

王家祠堂北房和南房

光村王家祠堂位于光村南部，光村小学西南100米处。坐北朝南，南北长13.1米，东西宽6.85米，占地约89.7平方米。据北房脊檩题记记载，王家祠堂于清嘉庆十八年（1813）创建。一进院落布局，院内建南、北房各三间。北房进深三椽，单檐硬山顶，灰筒瓦覆盖，三架梁前带插廊，鼓式柱础，檐下无斗拱，通装六抹槅扇门。南房与北房建筑形制基本相同，无插廊，明间辟门，次间设窗。该祠堂形制简洁，为研究光村王氏宗族源流提供了实物资料，有一定的历史研究价值。

王家祠堂北房

王家祠堂北房脊檩

王家祠堂北房梁架

王家祠堂南房

福胜寺

福胜寺，全国重点文物保护单位，位于光村西北隅。坐北朝南，南北长96.2米，东西宽77.3米，占地约7436.3平方米。该寺创建于唐贞观年间，金天眷二年（1139）重建，金大定三年（1163）赐名“福胜寺”，后历代屡次修葺。现存建筑为元至民国时期遗构。四进院落布局，大门的立柱与宽大的门楣匾额连为一体，外侧门楣镌斗书“慧日常舒”四字，内侧门楣镌“梵宫屏翰”四字。二门门庭左右两侧分别塑有哼哈二将。进二门步入古松院，在院东南、西南侧各有便门可通钟鼓二楼。东厢是三霄娘娘殿，西厢是阎罗殿。穿过廊亭即到第三重门，门楣上浮雕“小雷音”三字。过此门即达弥陀殿院。弥陀殿五间见方，殿顶巍峨高耸，斗拱清秀俊逸，排布疏朗，明间前后开槅扇门。殿内采用减柱造，以两根金柱撑起梁的重量。大殿南面供奉阿弥陀佛，像高5.3米，脸型丰满圆润，表情恬淡温和，背光黑底饰以繁花并以五彩描边，身光为圆形，光焰为硕大的光焰纹，具有明显的元代风格。两侧胁侍菩萨则带有典型的宋代风格，发髻高耸，宝冠璀璨，衣袂飘逸，身形修长，体态匀称，充满了淡雅之美。十六罗汉、四大天王分列左右，神态各异，栩栩如生。1992年，弥陀殿内十六罗汉头像有十尊被盗，至今未追回。弥陀佛像宝座背后悬塑着童子拜观音，整幅图案刻画碧海苍天、祥云福霭，童子天真、菩萨祥和，尽显雕塑手法之精湛。图案中南海波涛浩瀚，正中央悬塑着脚踏朝天犼、穿行在云雾之中的观世音菩萨，善财童子双手合十，立于身侧。大海的东西两侧各有一尊三头六臂的明王像相对而立，随侍观音身旁。这些彩塑上启宋金下至明清，历代多有修补和重装，仅在佛像背后的墙壁上就遗留着“至治二年（1322）”“万历戊戌（万历二十六年，1598）”“康熙十六年（1677）”“康熙乙丑（康熙二十四年，1685）”等多个年号的题记，是稀世珍品，属国家一级保护文物。后大殿为二层结构，上层为藏经阁，内奉孔子像；下层为三佛洞，内塑横三世佛及其胁侍菩萨，均为元代遗作。后大殿东西配殿分别供奉蔺相如和廉颇。福胜寺于2001年被公布为全国重点文物保护单位。

福胜寺碑

福胜寺远景

福胜寺山门

福胜寺鼓楼

福胜寺钟楼

福胜寺三霄娘娘殿

福胜寺小雷音木牌楼及弥陀殿正面

福胜寺弥陀殿斗拱

福胜寺弥陀殿背面

福胜寺弥陀殿梁架

福胜寺弥陀殿暖阁彩塑

福胜寺弥陀殿持国天王、增长天王塑像

福胜寺后大殿及廉颇、蔺相如殿

玉皇庙

光村玉皇庙位于光村西北隅，坐北朝南，南北长68.96米，东西宽50.15米，占地约3458.3平方米。创建年代不详，现存建筑为明至民国遗构。一进院落布局，院内建有会仙楼、道士院、玉皇殿、土地堂、三圣殿。玉皇殿，面阔三间，进深四椽，单檐悬山顶，琉璃脊饰，五檩无廊式构架。檐下柱头科四攒，补间科三攒，形制均为三踩单下昂，出蚂蚱形耍头。通装六抹槅扇门。土地堂，面阔三间，进深三椽，三架梁对前搭牵用三柱，檐柱为八棱状，单檐悬山顶，灰筒瓦覆盖，五花山墙。三圣殿，面阔一间，进深二椽，单檐硬山顶，殿内有神台，原塑有三圣像，一尊已毁，其余两尊现存放于新绛县博物馆内。庙南端建有道士院一座，院内北房面阔三间，进深一椽，单坡硬山顶，东次间有楼梯，可

玉皇庙远景

玉皇庙玉皇殿正面

玉皇庙玉皇殿脊檩

玉皇庙玉皇殿斗拱

玉皇庙玉皇殿正脊

玉皇庙土地堂正面

登至会仙楼。楼高三层，单檐硬山顶，底层南面辟砖券门洞为庙大门。该庙宇为研究汾北一带民间祀神崇拜及道教庙宇分布提供了丰富的实物资料，历史、艺术研究价值极高。庙内存清代、民国重修碑碣五通。1981年被公布为县级文物保护单位。

玉皇庙三圣殿正面

玉皇庙会仙楼背面

重修玉皇庙碑1

重修玉皇庙碑2

重修玉皇庙碑3

戏台

光村戏台位于光村中心，村委会南10米处。坐东朝西，整体建于一东西长14.8米、南北宽14.2米、高1米的长方体台基上，占地约210.2平方米。创建年代不详，据形制判断为清晚期建筑。系1965年由村中赵家十八座院内过厅迁建而成。面阔三间，进深四椽，单檐硬山顶，五檩无廊式构架。檐下平身科六攒，高浮雕牡丹、莲花、麒麟图案。明间采用移柱造手法，八棱须弥座上加鼓式柱础，周雕梅、兰、菊、竹，须弥座雕鹿、龙、麒麟、天马等瑞兽图案，雀替雕有祥云、麒麟等图案，前带八字分墙，上嵌龟背纹砖雕影壁。为扩大舞台空间，又在其后建单坡硬山顶的砖木结构房作为后台。梁架结构稳定，屋面无破损，石雕、木雕保存完整，墙体底部有轻微酥碱现象。建筑整体保存较好。整个舞台体量较大，石雕、木雕精美，艺术价值较高。

戏台全景

戏台侧面

戏台南次间雀替

戏台脊檩

戏台明间柱础

戏台梁架

悬墙门楼

又称吊脚门楼，是光村民居门楼中的一绝。在光秃陡直的青砖高墙上，陡然伸出一悬厦坡，结构奇巧，美观大方，巧夺天工，既实用，又省料，现在保存下来的仍有数家。

光村遗址

光村遗址位于光村西北隅，光村至大聂一带。东西长1200余米，南北宽400余米，分布面积约48万平方米。新石器时代遗址。断崖上发现灰坑4个，灰层多处，文化层厚约2.5米。采集有泥质红

光村遗址远景

光村遗址暴露的文化层

在光村遗址采集的陶片

陶篮纹鼓腹罐、黑色条带纹敛口钵、夹砂红褐陶敞口罐等残片。光村遗址属仰韶文化庙底沟类型和庙底沟二期遗存。1965年被公布为省级文物保护单位。

东南墓地

光村东南墓地位于光村东南部。东西长90余米，南北宽70余米，分布面积6300余平方米。时代为汉代。原地表有圆形封土堆一座，底径约3.5米，残高3米，并建有碑楼。20世纪50年代末，修新苏（新绛—北苏村）公路时将封土夷平，碑楼亦毁。第三次全国文物普查时，未发现遗迹、遗物。1995年该墓地被新绛县人民政府公布为县级文物保护单位。

光村东南墓地远景

东北墓群

光村东北墓群位于光村东北200米处，南北长100余米，东西宽60余米，分布面积6000余平方米，汉代墓群，断崖上暴露有土洞墓、砖室墓痕迹。采集有泥质灰陶片。

光村东北墓群远景

北雄山

光村北有北雄山、玉皇庙、福胜寺、半截塔、通灵碑五处古建，村南有子母池、火神庙、碑顶柏三处文物。北雄山位于光村西北。沿西垣古道北行二三百米，有一道人工建筑的土岭，这就是北雄山。北雄山东起福胜寺西北隅，西至土崖，长约500米，高10余米，上宽五六米，广植古柏苍楸，粗者数围。北雄山是为镇邪护村而建，反映了明清时代的建筑文化，客观上起到了防风固沙、美化环境的作用。

泉掌村

泉掌村，位于泉掌镇中部偏西处，境内东西宽2.5公里，南北宽2.2公里，总面积5.5平方公里。地理坐标为北纬35°66′，东经

111° 09′ 。北邻梁村，西北为光马村，南邻京昆高速，东邻桃园新村。境内地势平坦。泉掌村历史文化底蕴厚重，有保存完好的传统民居院落13处、国家级文物保护单位关帝庙和县文物保护单位灵公台，以及界面、形态均完整的古驿道等历史遗迹三处，是泉掌镇历史文化保护的核心区域。2016年11月，泉掌村被中华人民共和国住房和城乡建设部等部门列入第四批中国传统村落名录。2018年5月，泉掌村被列入中国传统村落名录。

泉掌古称长修、桃园。春秋战国时属河东郡，秦时在此设长修县。汉高祖时，封御史杜恬为长修侯，长修又为侯国。东汉时改为长修镇，后又为长秋镇。晋国灵公曾于此建行宫、辟桃园、起绛台，谓绛霄楼，因而后改为桃园镇。

明清时期，晋商迅速发展起来。当时绛州为山西省的工商业名城，素以手工业发达、商贾繁荣而闻名于三晋大地，但缺乏资源。西北的乡宁县地广人稀，物产资源丰富，尤其以稀缺的煤炭、铁矿石和木材为最。两地优势互补，贸易逐步发展起来，丰富的矿产从乡宁出发，人背马驮，源源不断地运往绛州，绛州的手工业产品又运抵乡宁，促进了两地民众的往来。马壁峪古商道是当时联系乡宁与绛州的唯一通道，有记载：“绛宁大道，由州城向西北至乡宁县，境内长20公里，宽5米，州城北关至泉掌镇可通大车，出泉掌即为驮运路。”由此可见，泉掌已成为这条古商道绛州方向的起点，成了货物由平原车辆运输转为山路马匹驮运的交通中转枢纽，从而聚集了大量的商贾，沿驿道两边逐渐形成了新的村落。因该村东南有泉五眼，分布之状似手掌，故起名泉掌，这一名字一直沿用至今。

古城墙

古城墙

村巷（泉掌古驿道）

泉掌村地处河东盆地，利于农耕文明，新石器时代就已有人类在此生活居住。明清时期，由于地处商业贸易的交通要道上，引得大量富贾人家在此建宅安家，形成了当时名声显赫的商业街。泉掌因驿道而兴，此驿道是古时乡宁县通往绛州城的重要通道，现存的驿道位置和走向未变，道路的两侧保留着清末至民国初年的许多古商铺。村内的传统民居多建于晚清至民国时期，在平面布局上，保持了北方传统四合院的形式，材质以青砖为主，多有精美的木雕、石雕、砖雕，雕刻的内容也多种多样，有几何图、古训等。村内完整保留下来的民居主要有许家老院、高家院、赵家院、党家院、卢家院等。

泉掌古驿道（A）

泉掌古驿道（B）

许端吉老宅

许端吉老宅位于泉掌村南部，南北大路南段。坐北朝南，南北长17.6米，东西宽11.9米，占地约209.4平方米。据北房脊檩题记记载，许端吉老宅于清道光三年（1823）创建。四合院式布局，保存完整。北房面阔三间，进深二椽，单檐硬山顶，五花山墙，三檩无廊式构架。柱础为六棱柱，周雕菊花、花瓶图案。檐下平身科一攒，形制为一斗三升，雕荷花、牡丹图案。明间辟六抹槅扇门，次间设窗。西侧建二层绣楼一座。南房面阔四间，进深一椽，单坡硬山顶。西稍间西山墙开院大门，为垂花门形制，木雕夔龙、花卉图案，门楣砖雕匾额镌“务本”二字。门楼上方留砖雕二层小阁楼一座，工艺精湛，保存完好。东西厢房

许端吉老宅门楼

许端吉老宅北房

许端吉老宅北房脊檩题记

许端吉老宅南房

许端吉老宅东厢房

均面阔三间，单坡硬山顶。建筑皆设木隔层。该院落布局合理，结构严谨，为研究清中期晋南民居形制及格局的发展演变提供了实物资料。

高氏宅院

泉掌高氏宅院位于泉掌村中心偏西处。坐北朝南，南北长23.7米，东西宽21.8米，占地516.66平方米。据北房脊檩题记记载，高氏宅院建于民国八年（1919）。建正偏院两座。正院为四合院，偏院为三合院。正院除南房于1997年拆毁外，其余完好。北房面阔三间，进深二椽，单檐硬山顶，五花山墙，三檩无廊式构架。檐下柱头科四攒，平身科三攒，均为三踩形制，下饰雕花垫墩。明间辟门，次间设窗，有飞椽。柱础为六棱柱，雕戏剧人物图案。东西厢房均面阔三间，进深二椽，单檐硬山顶，前坡长，后坡短，为“鸟尾房”。建筑均设木隔层。偏院位于正院东侧，仅存北房一座，为三眼窑。偏院后墙上雕有多种葵花图案，雕刻精美。该院落布局合理，结构严谨，对研究民国时期晋南民居的建筑风格提供了实物资料。

高氏宅院正院内景

高氏宅院正院北房

高氏宅院正院北房柱础

高氏宅院正院西厢房

高氏宅院正院照壁

高氏宅院偏院北房大门

赵氏宅院

赵氏宅院北房

泉掌赵氏宅院位于泉掌村东北部。坐北向南，南北长23.25米，东西宽12米，占地279平方米。据北房脊檩题记记载，赵氏宅院于清乾隆二十七年（1762）创建。四合院式布局，除南房拆除外，其余保存完整。北房面阔三间，进深三椽，单檐硬山顶，三架梁前带插廊，梁上饰大型雕花驼峰。檐下柱头科四攒，平身科三攒，形制为一斗三升，饰通间花替，木雕有莲花、牡丹及卷叶图案。明间辟六抹槅扇门，次间设窗，柱础为六棱须弥座加鼓式。东西厢房均面阔三间，单坡悬山顶，大梁出卷云形头。建筑均设木隔层。该院布局合理，结构严谨，木雕工艺精美，为研究清早期晋南民居形制、装饰艺术及格局的发展演变提供了实物资料。

赵氏宅院北房柱础

赵氏宅院北房梁架

赵氏宅院西厢房

赵氏宅院东厢房

党氏民宅

泉掌党氏民宅位于泉掌村中心偏南部。坐北朝南，南北长20.45米，东西宽14.35米，占地约293.5平方米。创建年代不详，据形制判断为清中晚期建筑。四合院式布局，现存南房及东厢

党氏民宅东厢房

党氏民宅外景

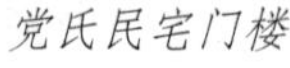

党氏民宅门楼

党氏民宅门楼石雕

党氏民宅南房

房。南房面阔五间，进深二椽，单檐硬山顶，三檩无廊式构架，莲花、葵花纹脊饰。明间辟板门，次间设窗。东山墙上辟院大门，为垂花门形制。檐下平身科一攒，下饰垫墩及通间花替，木雕琴棋书画、蝙蝠、骏马、双龙及卷叶图案。石门框周雕“五福临门”，门楣砖雕匾额镌“庆有余”三字。东厢房面阔三间，进深二椽，单檐悬山顶，三檩无廊式构架。明间辟板门，次间设方槅窗。建筑均设木隔层。院落布局规整，结构严谨，木雕、石雕工艺精美，手法独特，为研究清中晚期汾北民居形制及布局的发展演变提供了实物资料，有一定的历史、艺术研究价值。

卢氏民宅

泉掌卢氏民宅位于泉掌村中心偏南处。坐北朝南，南北长23.65米，东西宽17.95米，占地约424.52平方米。创建年代不详，据形制判断为清早期建筑。四合院式布局，现存南房明间、东次间、稍间及东厢房。南房面阔五间，进深二椽，单檐硬山灰筒瓦覆顶，三檩无廊式构架，葵花卷叶纹脊饰。明间辟槅扇门四扇，次间设窗，走马板木雕“为善最乐”，东稍间后墙辟院大门。门楼前带插廊，檐下柱头科两攒，饰垫墩及通间花替，木雕“凤凰戏牡丹”及夔龙纹图案，柱础为双层八棱形须弥座加鼓式，周雕“狮子滚绣球”、云龙纹图案，置立鼓式门墩石。东厢房，面阔三间、进深三椽，单檐硬山顶，四檩前带廊式构架。檐下柱头科两攒，平身科三攒，下饰通间花替，木雕卷叶花卉图案。明间辟板门，次间设窗，柱础鼓式。院落布局敞朗，结构严谨大方，木雕、石雕工艺细腻，有一定的历史、艺术研究价值。

卢氏民宅外景

卢氏民宅门楼木雕

卢氏民宅门楼

卢氏民宅南房

卢氏民宅东厢房

关帝庙

泉掌关帝庙位于泉掌村中心，西邻泉掌村委会。坐北朝南，南北长21米，东西宽19.6米，占地411.6平方米。创建年代不详，据正殿脊檩题记及石刻记载，泉掌关帝庙在明弘治八年（1495）、弘治十年（1497）、嘉靖二十六年（1547）及清顺治、雍正、乾隆年间均有修葺。现仅存正殿一座，梁架主体为明代遗

关帝庙正殿全景

关帝庙正殿侧景

关帝庙正殿脊兽

关帝庙正殿蟠龙柱

关帝庙正殿斗拱

修关帝庙碑记

关帝庙门口石狮

构，面阔五间，进深七椽，重檐歇山顶，梁架为七架梁，前对单步梁前后用四柱。周有回廊，用蟠龙石柱20根，雕工精湛。上下檐均周施斗拱，上层24攒，形制为五踩双下昂，明间出45°斜昂。下层施22攒，三踩单翘形制。檐下有飞椽。殿内设神台，上有1995年新塑神像。殿前保存有明清石狮11尊。2004年被公布为省级文物保护单位。

戏台

泉掌戏台位于关帝庙正南，与关帝庙相对，始建于宋朝，清嘉庆年间重修，中华人民共和国成立后，于1962年重修，现存为1962年翻修戏台。

戏台正面

戏台背面

灵公台遗址

灵公台遗址位于泉掌村中心，南邻泉掌村委会。坐北朝南，平面呈长方形，东西长15米，南北宽8米，占地120平方米。残高8—9.6米。砖包土夯结构，正中设门，两侧建石砌台阶，门楣匾额为清康熙五十年（1711）所镌“天台圣境”。1995年被公布为县级文物保护单位。

灵公台遗址正面

灵公台遗址背面

灵公台遗址石匾额

长修故城

长修故城位于泉掌村及其四周。东西长900米，南北宽700余米，分布面积约63万平方米。汉代遗址。地表残存城墙三段，分别位于遗址北部、西北部和南

长修故城文化层

长修故城校场

长修故城西北段城墙

长修故城北段城墙

长修故城北段城墙夯层

部。北段残长130米，残厚2—7米，残高3米，与校场墙连为一体。西墙残长280米，残厚10—18米，残高5.5米，夯土层0.09—0.14米。南部城墙现仅存面积不到2平方米，残高2米。据民国版《新绛县志》载，西汉置长修县，东汉废。城址内采集有长筒瓦、绳纹砖、陶罐和盆等残片。1981年，被公布为县级文物保护单位。

长修故城南段城墙残存

在长修故城采集的标本（A）

在长修故城采集的标本（B）

明僖靖王墓

明僖靖王墓位于泉掌村东南200米处的高地上，又称“王子坟”，南北长120余米，东西宽60余米，分布面积7200余平方米。据清光绪版《山西通志》载，明僖靖王墓在泉掌镇。封土已于1958年平

明僖靖王墓远景

田整地时夷平。尚未发掘。

泉掌遗址

泉掌遗址位于泉掌村东，部分覆压于村落下方。南北长800余米，东西宽300余米，分布面积约24万平方米。属新石器时代，汉代遗址。文化层厚0.2—0.6米，断崖上暴露遗迹有灰层。采集有庙底沟二期文化的泥质灰陶绳纹直腹瓮、平沿罐，龙山文化三里桥类型的泥质灰陶小口鼓腹罐、平沿罐及汉代的泥质灰陶绳纹板瓦残片等。1981年被公布为县级文物保护单位。

泉掌遗址远景

在泉掌遗址采集的标本

泉掌遗址近景

泉掌墓群

在泉掌墓群采集的陶片

泉掌墓群位于泉掌村东北50米处。东西长300余米，南北宽250余米，分布面积约7.5万平方米。战国至汉代墓群。断崖上暴露竖穴土坑墓3座。采集有战国的泥质灰陶平沿罐、高领罐，汉代的泥质灰陶罐、绳纹板瓦等残片。1995年被公布为县级文物保护单位。

泉掌墓群远景

泉掌墓群近景

泉掌村主导产业以外出经商、务工、畜牧养殖、豆制品加工、针织生产、蔬菜种植为主。全村外出经商人数达1500人。在新农村建设的热潮中，该村大力发展畜牧养殖、轻纺加工和设施农业建设。2021年存

古泉眼（A）

古泉眼（B）

古井

龙王桥

栏牛1500头、猪2600头、鸡8000只；以大益实业为主的轻纺加工从业人数达500人；现有蔬菜大棚48座，其中超大棚32座，日光温室16座。另外，泉掌村以豆制品加工闻名。年人均纯收入达4367元。

古磨盘

碑刻

碑首

碑座（古赑屃）

第三章 侯马市

驿桥村

驿桥村，位于侯马市中心西南7.8公里处，地理坐标为北纬35° 58′，东经111° 33′。驿桥村位于山西省侯马市上马乡浍河以南，饮马沟以东，西北与虒祁村相邻，东南与东阳呈村，东与史店村相邻，大运路从村东南穿过。境内地势平坦，是侯马市大村之一。

驿桥村原名九杨村，因村北门外有九棵高大的杨树而得名。因过去村东北有一座木桥，是明清侯马驿站至闻喜县涑水驿站的驿道必经之地，故名驿桥村。

驿桥玉皇庙

驿桥玉皇庙位于驿桥村西南，坐西朝东，占地48平方米。据碑刻记载，驿桥玉皇庙创建于明嘉靖八年（1529），清康熙四年（1665）重修。现存献亭和正殿。献亭位于正殿东部，面阔一间，进深五椽，六檩无廊式卷棚式屋顶，西侧紧接正殿，梁以上彩绘，剥落严重，四角各立一柱，鼓镜式柱础。正殿单檐硬山顶，面阔一间，进深三椽，四檩无廊式构架，屋顶坍塌严重，仅剩墙体和半个房顶。正殿北墙镶石碑一通、石碣一方，南墙镶石碣两方。该建筑风格独特，是研究侯马区域内古建筑的实物资料。

玉皇庙献亭卷棚顶梁架

玉皇庙梁架结构及屋顶塌毁现象

玉皇庙远景图

玉皇庙献亭西墙

玉皇庙北墙碑刻阳面

玉皇庙北墙碑刻阴面

观音堂

驿桥观音堂位于驿桥村中南部，坐东朝西，占地26.72平方米。创建年代不详，现仅存正殿一座，为清代风格。据石碣记载，驿桥观音堂于明万历十八年（1590）、清顺治十二年（1655）、嘉庆十九年（1814）补修。该建筑单檐硬山顶，面阔一间，进深三椽，四檩前廊式构造。内槽设平綦，彩绘有鹤、寿纹样。观音堂内的东、南、北三面墙上有悬塑遗痕。插廊两侧镶石碣三方。插廊前有木质勾栏，前檐柱下有

观音堂全景

观音堂正面

观音堂前檐木雕及斗拱

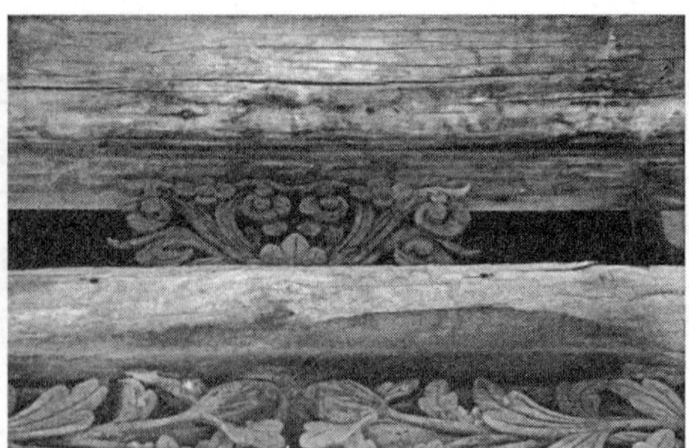

观音堂前檐补间斗拱

鼓镜式柱础，柱头设阑额，其上有柱头科，做一斗三升，柱间有雀替，门上有“观音堂”题刻。此建筑风格特异，是研究晋南明清建筑的实物资料。

观音堂平綦

观音堂北墙东侧石碣

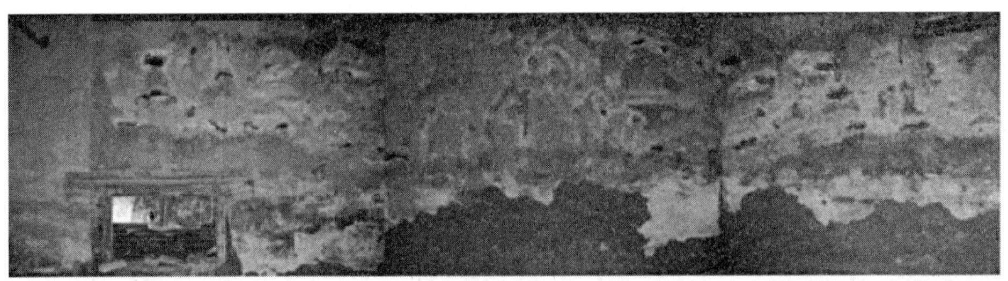

观音堂悬塑残迹

观音堂南墙石碣（A）

观音堂南墙石碣（B）

传教寺塔

传教寺塔位于驿桥村西，坐南朝北，占地15.1平方米。据乾隆二十三年（1758）版《新修曲沃县志》卷二十五记载，“传教寺，县西四十里驿桥村。宋嘉祐八年（1063）建。明洪武初，并入昌福寺”，后历代重修。为七级实心砖塔，平面呈方形，高约17米，无塔铭。塔身砌砖长0.36米，宽0.18米，厚0.06米，垒砌方法为层层顺砖错缝，塔内用桃花浆，砖塔灰缝较宽。塔身第一级正面辟佛龛，第四级背面开佛龛。塔身各级叠涩出檐，逐级向上收缩，塔刹仅存方形基座和大重相轮。该塔是研究晋南塔幢建筑建造风格的实物资料。1996年侯马市人民政府公布其为县级文物保护单位。

相传，传教寺在兴盛时期，寺中和尚约有100人。这里的和尚虽身入空门，但并未潜身修行，超凡脱俗。这些和尚中有的人为非作歹，欺

传教寺塔远景图

男霸女，村里人深以为患。于是村里人就从南方请来高人，在寺院内建了这一镇魔宝塔。说来也怪，自建塔后，这寺院的和尚逐年稀少，死的死，逃的逃，有的逃到了驿桥普济洞内安身。传教寺塔身向西北倾斜，据说是因寺院里和尚想刨毁此塔而形成的。

传教寺塔近景图

传教寺塔塔身仰视图

传教寺塔西南角塔身损坏情况

传教寺塔塔身盗洞

传教寺塔盗洞内视图

驿桥风水塔

驿桥风水塔位于驿桥村东南3公里处，占地4.4平方米，属风水塔

风水塔远景图

风水塔近景图

风水塔塔基西侧损毁情况

风水塔塔基北侧损毁情况

风水塔塔身损毁情况

类，从建筑的形制和用途分析为清代遗存。塔基为黄土夯筑，夯层厚约0.1米，高约3米，塔基底部直径约2米，塔基之上有砖砌塔身，呈圆锥形，高约5米。1996年侯马市人民政府公布其为县级文物保护单位。

驿桥遗址

驿桥遗址位于驿桥村东北2公里处的浍河南岸台地上，地势南高北低，坡度平缓。东西长约350米，南北宽约300米，占地约10.5万平方米。遗址中部和南部崖壁上暴露有灰坑（H1、H2）：H1土呈灰褐色，残宽0.8米，高0.5米；H2土呈黄褐色，松软，残宽2米，高约1米。遗

驿桥遗址全景

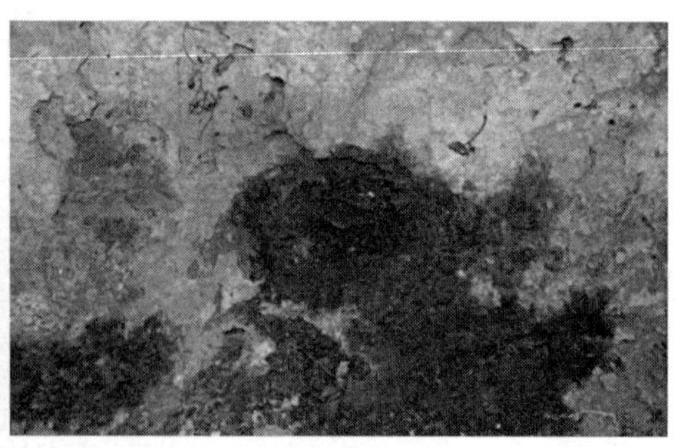

驿桥遗址中部灰坑（H1）

驿桥遗址南部灰坑（H2）

驿桥遗址采集的残片

址区内未发现文化层。地面采集的标本有东周时期的夹砂灰陶鬲足残片，泥质灰陶素面豆座残片、素面壶口沿、绳纹罐口沿、素面罐底残片等。

驿桥北遗址

驿桥北遗址位于驿桥村北500米处浍河东岸台地上，地势东高西低，坡度平缓。南北长约300米，东西宽约150米，面积约4.5万平方米。遗址断崖上暴露有袋形灰坑（H1），土呈灰褐色，松软，残宽约1.2米，高约1米；北部发现陶窑（Y1），填充物杂乱，土呈黄褐色，残宽1.1米，高约1.3米。文化层厚0.5—1米，地面采集的标本有新石器时代仰韶文化晚期的石斧和泥质红陶素面罐底残片，以及东周时期的泥质灰陶绳纹罐底残片和点纹罐底残片等。该遗址是研究侯马区域内古人生产、生活的实物资料。

驿桥北遗址中南部灰坑（H1）

驿桥北遗址中部文化层

驿桥北遗址中部陶窑（Y1）

在驿桥北遗址采集的陶片

驿桥北墓群

驿桥北墓群位于驿桥村西北500米浍河南岸断崖上。东西长约200米，南北宽约200米，分布面积约4万平方米。地面未采集到陶片，断崖上暴露的墓葬多为南北向单室砖砌拱券顶汉代墓葬。此处墓群东部与驿桥北遗址相互叠压，它对研究侯马地区汉代丧葬习俗以及居住环境都有较高的实物价值。

驿桥北墓群全景

驿桥北墓群北部断崖

驿桥北墓群东北部断崖暴露墓葬

驿桥北墓群北部中段暴露墓葬

驿桥北墓群西北部暴露墓葬

驿桥村耕地总面积387亩，人均耕地0.53亩，主要种植小麦等作物。拥有林地1500亩，其中经济林果地20亩，人均经济林果地0.03亩，主要种植板栗等经济林果；水面面积20亩；草地60亩；荒山荒地400亩；其他面积585亩。该村的主要产业为种植业，产品主要销往本市。2008年种植业总收入93.98万元，占本村经济总收入的43.13%。该村拥有企业12个。

后　记

本书能得以面世，首先要感谢山西师范大学互联网+旅游产业升级协同创新中心的立项，感谢山西师范大学历史与旅游文化学院车效梅教授与各位领导同事的帮助与支持，还要感谢山西人民出版社的支持与责任编辑的辛苦付出。

2019年暑假，本书正式开始写作，一方面是在书斋里查阅相关资料，确定写作思路并设计考察线路；另一方面则是通过实地调查来弥补已有文字资料的不足，更主要的是希望在作品中能给读者以现场感和亲历感。

资料的收集和整理是本书写作的关键。因为目前学界对绛山浍水一带传统村落研究的成果并不多，所以我主要是在实地调查中进行资料收集和整理的。当我在实地调查收集资料遇到困难时，有许多热心人士对我提供了各种帮助，在此成书之际，特致诚挚的谢意。

曲沃县人才办张敏女士多次积极帮我联系相关人士寻求帮助，热心细致，令我格外感动。尤其是曲沃县文旅局董武、张庆奎等领导指点迷津，在资料上提供的帮助，尤其是第三次全国文物普查曲沃县的文物普查资料，使我免除了很多的舟车劳顿，减轻了我收集资料的压力。此外，曲沃县志办及曲沃县杨浩有先生提供了许多指导帮助。

还要感谢新绛县宣传部和文旅局提供的帮助，尤其是文旅局裴梁栋、高飞娟、高云霞等领导在资料方面给予的帮助。另外，非常感谢新绛县光村党支部薛增禄书记提供的资料，为本书增色良多。

同时感谢侯马市文旅局在资料方面提供的帮助。在资料收集过程中，还有许多不记得姓名的朋友对我提供过帮助，在此真诚地表示感谢。

特别感谢家乡南林交村党支部冯才书记提供的各种帮助，也由衷钦佩他满腔热情，积极为家乡服务的精神。

还要感谢我的父亲冒着酷暑陪我一起在家乡调研，并尽可能多地给我提供各种便利，尤其是在文字资料方面。

最后，感谢对本书写作提供了极大帮助的周宇燕和翟晓红两位同学。在2019年酷暑，她们俩人一起陪我调研，一起整理资料，一起写作，付出了很大的辛苦，在此向两位同学表示真挚的感谢!

本书定位于文旅融合类普及读物，编写目的非为商业目的，旨在宣传家乡的传统村落并为传统村落爱好者提供参考。在本书的编写过程中参考了不少的论著，借鉴了众多已有的相关成果，限于篇幅与体例，文内未能标明者，将列于参考文献中，谨向各位作者表达诚挚的歉意与谢意。囿于见闻和学识有限，书中错谬之处在所难免，恳请读者批评指正。

参考文献

1.曲沃县文物旅游管理中心，曲沃县晋文化研究会.曲沃文物建筑图册（内部资料），2018.

2.蔺永茂.从远古走来：中国历史文化名村——光村.中国文史出版社，2013.

3.曲沃县县志编纂委员会办公室.曲沃县地名志（内部资料），2012.

4.西南街村志编撰委员会.西南街村志.长城出版社，2007.

5.曲沃县志编纂委员会.曲沃县志.长城出版社，2007.

6.曲沃县志编纂委员会.曲沃县志.海潮出版社，1991.

7.政协曲沃县委员会.曲沃文史第17辑（内部资料），2018.

8.苍铭.古村镇研究.中央民族大学出版社，2014.

9.段友文.古村镇文化景观整体保护与扶贫策略研究——以山西“三河一关”20个古村镇为中心.中国社会科学出版社，2016.

10.晋城市建设局编.山西晋城古村镇.中国建筑工业出版社，2010.

11.李锦生.山西古村镇历史建筑测绘图集.中国建筑工业出版社，2013.

12.薛林平.光村古村.中国建筑工业出版社，2014.

13.新绛县县志编纂委员会.新绛县志.山西人民出版社，2015.
14.新绛县地名录编委会.新绛县地名录（内部资料），2018.
15.侯马市志编撰委员会.侯马市志（全二册）.长城出版社，2005.